Daniela Mailänder

HERZHEIMAT

Dort ankommen, wo Gott auf dich wartet

R.Brockhaus

SCM

Stiftung Christliche Medien

SCM R.Brockhaus ist ein Imprint der SCM Verlagsgruppe,
die zur Stiftung Christliche Medien gehört, einer gemeinnützigen
Stiftung, die sich für die Förderung und Verbreitung christlicher Bücher,
Zeitschriften, Filme und Musik einsetzt.

© 2018 SCM R.Brockhaus in der SCM Verlagsgruppe GmbH
Max-Eyth-Straße 41 · 71088 Holzgerlingen
Internet: www.scm-brockhaus.de; E-Mail: info@scm-brockhaus.de

Gesamtgestaltung: Tabea Wippermann, Bochum
Titelbild und Illustrationen: Tabea Wippermann
Druck und Verarbeitung: Finidr s.r.o.
Gedruckt in Tschechien
ISBN 978-3-417-26858-4
Bestell-Nr. 226.858

Hätte ich damals erkannt, was ich heute weiß,
dass in meiner Seele ein so großer König wohnt,
ich glaube, ich hätte ihn nicht so oft allein gelassen.

Ich hätte mich häufiger bei ihm aufgehalten.

Teresa von Ávila

INHALT

VORWORT VON
PROFESSOR DR. HEINRICH BEDFORD-STROHM

Landesbischof der ELKB und EKD-Ratsvorsitzender

Daniela Mailänder ist eine erfolgreiche Frau: Sie hat einen Triathlon mitgemacht, die Alpen mit dem Fahrrad überquert und mit ihrem Mann in den norwegischen Lofoten auf Skiern Berge erklommen. Sie hat drei Kinder. In Nürnberg baut sie die erste bayerische Jugendkirche LUX mit auf, arbeitet im Projekt „fresh expressions of church" und reist als gefragte Referentin durch die Lande. Alles bestens, könnte man denken.

Doch irgendetwas stimmt nicht. Sie fühlt sich getrieben, fragt sich: „Bin ich auf dem richtigen Weg?" Also macht sie sich auf die Suche, um sich selbst, um ihre Heimat zu finden. Und findet die Heimat in ihrem Herzen. Findet in ihrem Herzen auch Gott.

Über ihren Weg schreibt Daniela Mailänder dieses Buch. Sie schreibt von ihrer Suche, aber auch davon, wie der Alltag aussieht, nachdem sie die Heimat in ihrem Herzen gefunden hat. Wie sie Gott begegnet und welche Auswirkungen das hat auf ihren Alltag, ihre Beziehungen, ihren Körper. Schließlich schreibt sie über die Sehnsucht nach Heimatorten, wo Menschen sich wohlfühlen – etwa die Kirche.

Das Buch ist voller Geschichten. Daniela Mailänder schreibt sehr ehrlich, auch über ihre Sackgassen. So bieten ihre Erfahrungen viele Anknüpfungspunkte für Menschen, die einen Weg suchen zu sich selbst, zu ihrer Spiritualität, zu Gott – und gleichzeitig eine Familie und einen randvollen Terminkalender bewältigen wollen.

Es ist kein Buch, in dem große theologische Theorien ausgebreitet werden. Es ist das Buch einer jungen Frau, die ihr geistliches Suchen und Finden im Alltag beschreibt. Es hat mich berührt.

Heinrich Bedford-Strohm

EINLEITUNG

Ich traf sie auf einer Konferenz in Indonesien. Sie zog mich irgendwann auf einen dieser billigen Kunstledersessel, schaute mich an und meinte:»Du solltest ein Buch schreiben!«

»Definitiv nicht. Ich stecke gerade in einem riesen Gefühlschaos. Nenne es Krise!«

Und doch begann ich schon fünf Monate später zu schreiben. Weil ich Entdeckungen machte, dass mir das Herz davon voll wurde. Es sind Erfahrungen, die viele vor mir bereits gemacht haben. Mystikerinnen, Glaubende, Dichterinnen, Pioniere, Missionarinnen, Gründer, Zweiflerinnen und Normalos.

Ich schreibe über Heimat – und ich bin nicht die Einzige. Je unübersichtlicher die Welt wird, desto mehr sucht der Mensch wohl nach Vertrautem. Und deshalb haben Lederhosen, die Nationalhymne und Lokalhelden Hochkonjunktur. Dabei geht es um mehr. Es geht um Geborgenheit. Rhythmus. Sicherheit. Vertrautes. Das sind Dinge, die wir nur in uns tragen können und die nicht in Äußerlichkeiten zu finden sind. Es geht um den inneren Kern der Dinge, es geht um die Seele. Um Nachfolge. Und Jüngerschaft. Ich greife zurück auf die Großen: Teresa von Ávila, Johannes vom Kreuz, Dallas Willard, Augustinus, Reinhard Deichgräber, Richard Rohr, Ignatius von Loyola und die Frau des Tankstellenbesitzers in meinem Ort.

Ich erzähle über mich. Und doch geht es nicht um mich. Ich bin nur ein Beispiel für eine, die die Heimat verloren hatte. Es gibt viele von uns. Ich nenne uns Herzensflüchtlinge. Weil wir alle die großen Fragen in uns tragen: Wo gehöre ich hin? Wer bin ich? Und weil wir alle auf der Reise sind. Eigentlich ist dieses Buch eine Beobachtung. Ich konnte zuschauen, wie Gott in und an mir arbeitete und das immer noch tut. Und das habe ich aufgeschrieben.

Dieses Buch ist in drei Teile aufgeteilt.

Im ersten beschreibe ich die große Geschichte der Heimatsuche. Denn so wie mir geht es vielen. Schon lange und vielleicht sogar schon immer. Gott ist mittendrin. In unserer Suche. Mehr noch: Er nimmt unser Suchen »auf sein Herz« (5. Mose 2,7).

Im zweiten Teil lade ich dich ein, Heimatkunde zu betreiben und Gott dabei zuzusehen, wie er an deinem Herzen arbeitet. Ganz konkret frage ich danach, wie wir zu Hause sein können. Im Alltag. In der Gegenwart. In Beziehungen und in unserem Körper. Ich trage Erfahrungen und Entdeckungen zusammen, die helfen, die eigene »Herzheimat« besser kennenzulernen.

Im dritten Teil teile ich meine Sehnsucht nach Heimatorten mit dir und lade dich zum Herz-Pilgern ein. Kennst du das Gefühl des Aufbruchs? Weißt du, wie sich ein Neuanfang anfühlt? Bist du bereit loszugehen? Ich mache dir Mut, auf andere zuzugehen, ihnen zuzuhören und fragend durchs Leben zu gehen. Außerdem überlege ich: Wie kann Kirche ein geistliches Zuhause sein? Es entsteht eine Art »Dach für die Seele«, wenn wir mit anderen Heimatsuchenden auf dem Weg hin zu Gott sind.

Nach jedem Kapitel lade ich dich zum Innehalten im Heimathafen ein. Vielleicht gibt es Dinge, die du in einem Tagebuch notieren möchtest. Vielleicht spricht dich etwas an. Vielleicht leitet dich eine Frage zu einem weiterführenden Gedanken. Ich mache dir Mut, das aufzuschreiben. Durch einen Stift werden Gedanken handfest und damit greifbar.

Für die Entstehung dieses Buches danke ich meinem Weggefährten, Ehemann und Abenteuerfreund Hannes. Fürs Rückenfreihalten, Mitdenken, Ermutigen, Mitfreuen. Dieses Buch widme ich dir und unseren gemeinsamen Kindern: Ihr lehrt mich, anzukommen!

Danke an Silke Gabrisch, deren Anstoß und Beharrlichkeit, Korrigieren und Ermutigen zum Schreiben des Buches geführt haben.

Ein großartiger Dank an Dr. Nina Kühn-Popp und Michael Wolf, zwei Freunde, die mit Genauigkeit und vielen motivierenden Gedanken mitgedacht und mitgelesen haben! Annika Walther, meine Timotheus-Mentorin, hat die wundervolle Herzlandschaft in Kapitel drei erstellt. Danke!

Ein besonderer Dank gilt Professor Dr. Heinrich Bedford-Strohm, Landesbischof der ELKB und EKD-Ratsvorsitzender, für sein Vorwort. Was für ein Vorrecht, von Ihnen zu lernen und mit Ihnen Kirche zu gestalten!

Lange habe ich mir überlegt, welche Anrede-Form für dieses Buch angemessen ist. Schlussendlich habe ich mich für das »Du« entschieden. Es erschien mir persönlicher, näher und freundschaftlicher. Ich hoffe sehr, dass ich dem Lesenden damit nicht zu nahe trete und gleichzeitig eine persönliche Ebene schaffe.

Ich lade dich zu einer Entdeckungsreise ein. Bleib neugierig! Stell Fragen! Und sieh Gott beim Arbeiten zu!

Daniela Mailänder im Februar 2018

Teil 1

HEIMATSUCHE

Er hat dein Wandern durch diese
große Wüste auf sein Herz genommen.

5. Mose 2,7

KAPITEL 1

Heimatlos

Die Ordensschwester sah mir in die Augen. Ich hatte sie um ein Gespräch gebeten. Ich musste einmal alles loswerden. Es war Sommer und der kleine Raum stickig. Sie sah mich an:

»Du hast deine Heimat verloren!«

Am liebsten wäre ich der guten Dame im Habit ins Gesicht gesprungen. Aber sie sprach weiter:

»Du hast dich selbst verloren! Du bist nicht in dir zu Hause!«

Damit hatte sie den Bogen überspannt und ich stand auf, um den kleinen Raum zu verlassen. Ich hatte sie um ein Gespräch gebeten. Nicht um eine groteske Unterstellung.

Ich dachte an Hengameh. Sie ist meine iranische Freundin. In ihrem Heimatland ist sie zum christlichen Glauben gekommen. Dann musste sie fliehen und alles hinter sich lassen. *Sie* hatte ihre Heimat verloren.

Und dann schoss mir Samuel aus Nigeria in den Kopf. An Weihnachten war er bei uns gesessen. Ich hatte ihn beiläufig gefragt, wie oft er Kontakt zu seiner Familie hätte. »Alle tot. Erschossen«, hatte er geantwortet. *Er* hatte seine Heimat verloren.

Oder Claudia. Völlig verdrehte Familienverhältnisse. Die Mutter hatte die Töchter und den Ehemann verlassen, als Claudia sieben war. Der Vater war drei Jahre später an Krebs gestorben und sie war bei dem Exmann der leiblichen Mutter als Stiefkind aufgewachsen. *Sie* hatte keine Heimat.

Aber ich? Sollte ich heimatlos sein?

Ich war in einer tollen Familie aufgewachsen. Hatte studiert. In verschiedenen Großstädten gewohnt und mich an vielen unterschiedlichen Stellen eingebracht. Wir hatten gerade ein blaues Haus mit weißen Fensterkreuzen und kleinem Garten gekauft. Dort wollten wir unseren drei Kindern Heimat geben. Das war zwar in Bayern. Weiter weg von meiner geografischen Heimat, als ich mir gewünscht hatte. Aber ich hatte eine tolle Arbeit, war als Referentin bei Konferenzen und Gottesdiensten unterwegs. Wir führten eine glückliche Ehe. Ich freute mich über meinen Mann. Zwischen all den Aufgaben hatten wir immer noch Zeit für ein paar Hobbys: Skitouren, Klettern, Surfen, Mountainbiken. Und Freunde hatten wir. Gute Freunde.

Ich sollte heimatlos sein?

Allerdings: So richtig sagen, was mit mir los war, konnte ich nicht. Ich setzte mich also wieder in den braunen, muffigen Sessel im Zimmer der Ordensschwester. Und atmete durch.

Ich ahnte, dass es vielleicht stimmte. Dass dieses Getriebensein, diese Unruhe, diese Fragen etwas mit dem Thema»Heimat« zu tun haben könnten.

Äußerlich war ich irgendwie zwischen meiner ursprünglichen geografischen Heimat, der Heimat in der Lebensgemeinschaft, die wir kurz zuvor verlassen hatten, den vielen Durchgangsstationen in meinem Leben, dem Wunsch, meinen Kindern Heimat zu geben, und der Idee, nun Wurzeln zu schlagen, innerlich aufgeschrammt worden. Da war nicht nur die Trauer, dass wir entschieden hatten, nun endgültig weit weg von Eltern und Geschwistern zu leben. Sondern auch das Bedauern, unsere Haus- und Lebensgemeinschaft verlassen zu haben. Und es ging nicht nur darum, dass wir uns nun in ein bisschen Vorstadt-Spießigkeit einleben sollten.

Innerlich trieben mich andauernde Fragen: Habe ich mich richtig entschieden? Ist es das, was ich eigentlich will? Bin ich auf dem richtigen Weg? Und wenn ja: Wohin führt dieser?

Die Heimat, die ich verloren hatte, war irgendwie anders. Tiefer. Innen drin. Es war dieses übermächtige Gefühl, auf dem falschen

Weg zu sein. Das Gefühl, dauernd etwas zu verpassen. Das Gefühl von »Das ist nicht dein Platz!«. Wochenlang habe ich nachts nicht geschlafen. Tagsüber kamen die Tränenausbrüche. Oder eine ziellose Unruhe. Das Gefühl blieb: »Hier bist du nicht richtig!«

Dazu kam eine Art Erschöpfungszustand. Ich liebe es, aktiv zu sein, aber zwischen Dienst, Ehrenamt, Muttersein, Predigt- und Referentendiensten und meinen Hobbys kam ich einfach nicht mehr zur Ruhe. Ich steckte fest. In der bisher größten Krise meines Lebens.

Da bin ich ins Kloster gefahren. Dort habe ich geschrien. Im Wald. In der Kapelle. Und ich habe weitergeheult. Schließlich bin ich in diesem muffigen Sessel in einem viel zu warmen Zimmer gelandet. Und ich begann zu ahnen, dass die Ordensschwester vielleicht recht haben könnte: Ich hatte meine innere Heimat verloren.

HERZHEIMAT

Mein Herz hatte also sein Zuhause verloren. Oder hatte ich nur den Weg dorthin vergessen? Was bedeutet es, heimatlos zu sein? Und gibt es so etwas wie eine Herzheimat? Wie sollte ich wieder zu mir selbst finden, zu einem Ort der inneren Sicherheit und zu einem Gefühl der Geborgenheit? Und was hatte das alles mit Jesus zu tun?

»Du bist nicht in dir zu Hause!« Dieser Satz brodelte in mir und ließ mir keine Ruhe. Die nächsten Tage und Wochen begann ich nachzudenken. Und zu fragen: Wenn ich mein Zuhause verloren haben sollte, was um alles in der Welt bedeutete dann »Heimat«? Ich fragte und las.

Es gibt wohl keine eindeutige Begriffsbestimmung für das Wort »Heimat«. Mir kommen Bilder, Gerüche, Geräusche, vertraute Stimmen, der Geschmack vom Lieblingsessen in den Kopf. Heimat kitzelt unsere Sinne. Schon alleine das Knarren des Gartentores, die vertrauten Biegungen an der Straße, der Geruch von reifen Äpfeln erinnern mich an mein Zuhause.

Freunde aus Eritrea, die fliehen mussten, lieben die vertrauten Gewürze aus der Heimat. Kaffee aus dem Herkunftsland. Bekannte Gerüche, die durch die Küchen ziehen.

Heimat ist der Rhythmus der Stadt. Den Takt geben die Straßenbahn, die anfahrenden Autos an der Kreuzung und das Klappern der Rollläden am Abend vor.

Heimat kitzelt unsere Sinne. Syrische Freunde schwärmen von den großen Kulturstätten ihres Landes. Mit glänzenden Augen erzählen sie von Bilderbuchlandschaften, freundlichen Menschen und bunten Basaren. Von Herzlichkeit, Gastfreundschaft und Kunst. Sie berichten von Festen und Feiern. Und von den Früchten der Landwirtschaft, Spezialitäten und dem Wetter zu Hause. Es sind ihre Sinneserinnerungen, die sie mit der Heimat verbinden.

So oft vergessen, verdrängen wir die negativen Erinnerungen. Vielmehr denken wir an die heile Welt und »die gute alte Zeit«. Große Gefühle wie Vertrautheit, Sicherheit und Geborgenheit werden in uns wach. Ich ahne, dass deshalb auch in Deutschland die Trachtenmode, Dialekte und Heimatgefühle wieder groß in Mode sind.

Und dann fallen mir Gesichter ein. Heimat sind die Menschen, die mir Vertraute sind. Heimat ist, wenn ich die Haustüre aufmache und mir meine Kinder in die Arme springen und mir das neueste Kindergarten-Kunstwerk unter die Nase halten. Heimat ist es, mit meinen besten Freunden zum Tanzen zu gehen. Heimat ist, wenn ich mit meinem Mann bei Sonne und Schnee auf einem Gipfel stehe und wir die Ski ans Gipfelkreuz lehnen. Heimat ist mein Lieblingsvater und meine Lieblingsmutter. Heimat ist die Kollegin, der Kletterpartner und der Vereinskamerad.

Heimat sind Menschen, unabhängig von dem Ort, an dem ich mich befinde. Ich muss mich ihnen nicht erklären. Keine Rolle spielen. Da gibt es Leute, die mich kennen und wissen, wer ich bin. In meinem Heimatdorf war ich immer »die älteste Tochter des Schreiners«. Menschen, die gerne Zeit mit mir verbringen, muss ich nicht erklären, wann es Zeit zum Gehen ist. Rollen sind zugewiesen. Wer ich bin, ist diesen Menschen klar. Und mir in ihrer Gegenwart auch. Darin finde ich mich wieder. Ich kann »ich« sein.

Manche Rollen werden zu eng. Meine Identität ist dann festgelegt. Das kann sich auch festfahren. Aber das große Gefühl bleibt: Identität. Wissen, wer ich bin und wohin ich gehöre. Begrüßt werden. Einen Namen haben.

Heimat ist es, die »Muttersprache« zu sprechen. Heimat ist dort, wo man mich versteht. Ich verstehe andere. Und ich kann Worte benutzen, wie sie mir in den Sinn kommen. Wenn ich tagelang in einer Fremdsprache reden muss, merke ich, wie ich müde werde. Mir gehen die Worte aus. Oder ich benutze immer dieselben. Ich kann nie genau das ausdrücken, was ich wirklich meine. Dagegen ist Dialekt: Ur-Heimatsprache.

Heimat ist, wenn die Worte fließen, mir leicht über die Lippen gehen und ich am Blick des anderen völlig selbstverständlich erlebe, dass er weiß, was ich meine. Und wenn es nur der Wunsch um eine Scheibe Gelbwurst beim Metzger ist.

Heimat ist Kultur. Warum schmatzen Chinesen beim Essen, warum schaufeln dir Pakistaner den Teller mit Essen voll, warum fasten Muslime an Ramadan, warum feiert die Braut bei uns in Weiß? Woher kommt der Schuhplattler und wie viele Begrüßungsrituale gibt es eigentlich?

Heimat ist dort, wo ich diese Fragen beantworten kann. Oder sie für mich keine Fragen sind. Weil sie Selbstverständlichkeiten sind, die zum Leben gehören. Sie geben den Rhythmus vor und sie verbünden Menschen. Rituale, Begrüßungsformen, Musik, Feste und Gepflogenheiten schaffen Sicherheit, Zugehörigkeit und sie bringen beides: Ruhe und Farbe ins Leben.

Heimat ist außerdem geografisches Wissen. Ich weiß, welcher der beste Bäcker ist, wann der Gottesdienst beginnt, wo das nächste Auswärtsspiel des Heimatvereins stattfindet. Heimat ist die Selbstverständlichkeit, ins Auto oder in die U-Bahn zu steigen und zu wissen, wohin ich fahren muss. Ohne Navi. Einfach, weil ich mich auskenne. Die Straßennamen, Öffnungszeiten und wohin welcher

Weg führt, sind mir vertraut. Heimat ist, dass Selbstverständlichkeiten den Alltag prägen.

Heimat ist also mehr als nur ein Ort auf der Landkarte. Sie ist Identität, Selbstverständlichkeit, Sprache, Rhythmus, Rituale, Sicherheit, Menschen, Zugehörigkeit, Wissen, Vertrautheit, Kenntnis, Sinnlichkeit, Ruhe und gleichzeitig Farbe im Leben. Und genau das alles hatte ich offensichtlich verloren. Ich war zur Heimatlosen geworden. Innen drin.

WAS IST DAS HERZ?

Was ist das »Innendrin«? Immer noch in der kleinen Kammer bei der Ordensschwester wollte ich wissen: »Was ist das Herz?« Mal abgesehen davon, dass das körperliche Organ das Blut hin- und herpumpt. Was ist das Herz in der anderen, der weiteren Hinsicht? Wie kann man dort die Heimat verlieren?

Sie wiegte ihren Kopf hin und her: »Dein Herz ist die Tiefe deines Wesens. Wir leben aus dieser Tiefe. Was dein Herz prägt, das prägt dich. Wie du mit deinem Herzen, deinem tiefsten Wesen, umgehst, entscheidet über alles andere: dein Handeln, Denken, Fühlen, Entscheiden, Wollen. Dein Herz hat Einfluss auf deine Seele und sogar auf deinen Körper.«

So ähnlich sagte sie das. Ich habe in der folgenden Zeit noch mehr entdeckt und Geheimnisse gelüftet. Mein Herz ist der »geistliche Kern«[1], der

Die weisen hebräischen Denker sehen im Herz den Sitz der Gefühle, das Wohnzimmer der Vernunft und die Schlafstätte des Wünschens und des Wollens.

Mittelpunkt. Was in unserem Herzen ist, das hat einen entscheidenden Einfluss darauf, wer wir sind, wer wir werden und was aus uns wird. Sonderbar. In vielen Jahren Theologiestudium und Predigten, die ich überall hielt, war mir das nie so deutlich vor Augen gewesen.

Die weisen hebräischen Denker sehen im Herz den Sitz der Gefühle, das Wohnzimmer der Vernunft und die Schlafstätte des Wünschens und des Wollens. Das alles wird von dort aus gesteuert. Wie es um mein Herz bestellt ist, prägt alles an mir: Identität, Charakter, Persönlichkeit. Mein Herz bin im tiefsten Wesen ich selbst. Die Tatsache, dass ich meine Heimat in meinem eigenen Herzen verloren hatte, traf mich jetzt umso härter.

HERZENSFLÜCHTLING

Ich war zu einem Flüchtling geworden. Zu einem Herzensflüchtling. Ich war auf der Flucht. Vor mir selbst. Vor Entscheidungen. Vor Ruhe. Vertrieben hatte mich die Angst. Die Angst, etwas Falsches zu tun. Oder etwas Wichtiges nicht zu tun. Ich hatte mich zwischen den Bildern über mich selbst und den Bildern, die andere von mir hatten, verloren. Und deshalb war mein Denken, Fühlen, Handeln, Wollen ein pures Chaos geworden.

Ich habe Menschen kennengelernt, denen es genauso geht. Auch sie sind Herzensflüchtlinge. Sie sind vertrieben aus ihrer Herzheimat. Wo gehöre ich hin? Wo ist mein Platz in dieser Welt? Bin ich auf dem richtigen Weg? Wie finde ich das Gefühl der Geborgenheit? Warum bin ich innerlich getrieben? Warum komme ich nie an? Habe ich mich richtig entschieden? Warum weiß ich, was zu tun ist, bringe es aber doch nicht fertig? – All diese Fragen bewegen sie.

Das Gefühl, etwas Entscheidendes im Leben zu verpassen, bestimmt sie. Sie sind nie an dem Ort, an dem sie eigentlich sein wollen. Sie tun Dinge, die sie eigentlich nicht wollen. Oder zweifeln an den Dingen, die sie tun. Auch sie sind Vertriebene der Angst. Der Angst, auf dem falschen Weg zu sein oder eine wichtige Sache im Leben zu verpassen.

Sie haben sich selbst verloren. Ihre Identität. Sie wissen nicht, wer sie sind. Sie sind entwurzelt. Das Leben funktioniert, aber die inneren

Selbstzweifel hören nicht auf, sie zu treiben. Ein innerlicher Rückzugsort fehlt. Und die Worte, diesen Ort zu beschreiben.

Vielleicht bist du einer von uns? Ein Herzensflüchtling? Vielleicht passt die Aussage der Schwester im Kloster auch zu dir: »Du bist nicht in dir zu Hause!«? Vielleicht hast auch du deine Herzheimat verloren?

Ich habe mich auf die Reise gemacht. Und: Ich möchte dich einladen, mit mir zu reisen. Es ist keine Fernreise. Sondern es ist eine Reise, die zu dir selbst führt. Zu deiner inneren Heimat. Dort, wo Geborgenheit, Vertrautheit, Sicherheit sind. Komm mit, wenn du die Sehnsucht kennst, ganz bei dir zu Hause sein zu wollen.

Wie sagt meine Mutter immer, wenn ich wieder einmal zu Hause bin? »Willkommen daheim!«

Diese Sehnsucht treibt mich an. Das ist das Ziel meiner Reise. Das Wissen und die Übung, ganz zu Hause bei mir selbst zu sein. Mich selbst zu kennen. Zu wissen, was ich tue und warum ich es tue. Zu fühlen, ehrlich und ohne Einschränkung. Die Seele atmen zu lassen. Und meine innere Heimat zu kennen.

HEIMATHAFEN

- Was und wo ist deine Heimat? Bist du in dir zu Hause?
- Bist du vertrieben? Getrieben? Ein Herzensflüchtling?

KAPITEL 2

Die Sehnsucht der Herzensflüchtlinge

Wie findet man zurück in seine Heimat? Wie findet man eine neue Herzensbleibe? Wo fängt man so eine Reise an?

Ich glaube, jede Flucht, jede Reise beginnt mit der Sehnsucht. Zumindest sagte das jene Ordensschwester am Beginn meiner Reise. »Fang an, die Bibel wirklich zu lesen und nicht nur das darin zu finden, was du eh schon erwartest!« Ich habe gelesen. Erwartungsvoll. Dabei habe ich die Entdeckung gemacht: Es geht darin um nichts anderes als um die Suche nach Heimat. Die Bibel ist voll mit Geschichten von Herzensflüchtlingen. Nur deshalb habe ich den Mut, darüber zu schreiben. Weil es um eine große Sache geht. Die Suche nach Heimat wird das Herz verändern. Es wird so viel über die Worte Gottes gepredigt, aber so wenig über unsere Sehnsucht nach einem Zuhause. Dabei könnte das entscheidend für uns sein. Vor allem für uns, die wir nicht mehr selbstverständlich eine äußere Heimat haben. Wir, die wir von Zweifeln und Fragen getrieben sind. Wir, die wir Herzensflüchtlinge sind.

Die Tiefe und die Weisheit, um die es bei der Suche nach Heimat geht, haben mich verändert. Grundlegend verändert. Und nur deshalb erzähle ich darüber. Deshalb folge ich den Menschen, die von dieser Sehnsucht nach einem inneren Zuhause angetrieben waren. Nach Heimat. Nach Geborgenheit. Nach Angenommensein. Nach einem Platz zum Sein.

Beim Trekking nimmt man so wenig wie möglich mit, weil man alles tragen muss. Wir waren vier Wochen auf Feuerland und in Patagonien unterwegs. Mein Mann hatte sogar meine Zahnbürste abgesägt, um Gewicht zu sparen. Kurz vor der Abreise hatten wir beschlossen, unsere kleinen Daunen-Kopfkissen zu Hause zu lassen. Normalerweise begleiten sie uns immer auf unseren Trekkingtouren. Wir würden uns auch aus Kleidern oder dem Rucksack ein bequemes Kopfkissen bauen können, dachten wir. Da wir einmal länger als zehn Tage in der Wildnis waren, zählte wirklich jedes Gramm – und Nudeln schienen wichtiger als ein Ort, worauf wir unsere müden Häupter betten konnten. Aber wir bereuten es bitter. Die Nächte waren unglaublich unbequem. Wochenlang habe ich in unserem kleinen Zelt wach gelegen. Es waren dunkle und windige Nächte. Eines frühen Morgens kroch ich wieder einmal völlig übermüdet aus dem Zelt. Hätte ich nur mein Kopfkissen mitgenommen! Da fiel mir die »Geschichte des heimatlosen Menschen« ein. Der Mann, der auf der Suche nach einem inneren Zuhause war, musste auch ohne Kopfkissen auskommen. Ich war nur im Urlaub, aber dieser Mann hatte ganz anderes zu überstehen …

Er ist auf der Flucht. Er hat seine Heimat hinter sich gelassen, seine Identität, seine Familie und alles, was ihm lieb ist. Er ist ein Herzensflüchtling. Jakob ist einer, der vor sich selbst, seiner Familie und seiner Heimat davonläuft. Er ist einer jener unruhigen Menschen, die mir so sympathisch sind, weil sie mir so ähneln. Er ist ein Wortbrecher, ein Übertreiber, ein Lügner. Er ist der jüngere von Zwillingen. Dass er so knapp nach seinem Bruder auf die Welt kommt, soll sein ganzes Leben beeinflussen. Er sehnt sich nach der Anerkennung des Vaters, der den Älteren dem Jüngeren immer vorzieht. Er kämpft mit sich und ist irgendwie nie er selbst. Die anderen Männer, auch sein Bruder, ziehen regelmäßig zum Jagen. Er bleibt lieber zu Hause. Und er hört auf seine Mutter. Auch das verändert sein ganzes Leben. Und so lügt er seinen alten, blinden Vater an und bringt seinen Bruder um Segen, Anerkennung und jede Menge Besitz. Deshalb muss er fliehen. Er ist nie bei sich angekommen. Er ist nie in sich zu Hause gewesen. In einer Nacht auf der Flucht findet er nichts außer einem Stein, wo er seinen Kopf müde ablegt. Er, der Herzensflüchtling, träumt. Er träumt von Gott. Und von einem Weg direkt in den Himmel. Als er am nächsten Morgen aufwacht, weiß er: Hier wohnt Gott! Er, der Heimatlose, baut ein Denkmal und nennt es »Heimat Gottes«. Mitten auf der Flucht begegnet ihm der Höchste.

Damals, auf jener Trekkingtour, wurde mir bewusst: Jakob ist der Inbegriff des heimatlosen Menschen. Ihn treibt die Sehnsucht nach Identität. Er, der biblische Held, ist nämlich mindestens genauso wenig verwurzelt, wie ich es bin. Oder all die anderen, die auf der Suche nach einer Herzensbleibe sind. Wir befinden uns in guter Gesellschaft als Herzensflüchtlinge.

Jakob ahnt, dass es mehr geben muss. Er beginnt in jener Nacht davon zu träumen, wie es wäre, Geborgenheit und Sicherheit in sich zu spüren. Wie ich. Oder all die anderen vor mir. Wir ahnen, dass es mehr geben muss, dass wir ganz in uns zu Hause sein können. Diese Sehnsucht treibt uns. Kein Wunder: Gott selbst hat sie in unser Herz gelegt.

Wir ahnen, dass es mehr geben muss, dass wir ganz in uns zu Hause sein können.

Gott gestaltete die Heimat für die Urmenschen Adam und Eva. Die perfekte Schöpfung war das Zuhause von Mensch und Gott. Die ersten Menschen waren ganz selbstverständlich zu Hause. Echtheit und Sicherheit kennzeichneten ihr Leben im Paradies. Sie waren nackt, weil es auf Äußerlichkeiten gar nicht ankam. Im Garten Eden begegneten sie ganz selbstverständlich dem Heimatstifter. Alles, was Heimat ausmacht, war dort vorhanden: der Geruch von reifem Obst, das Gefühl der Sicherheit, Geborgenheit, Identität und – Gott persönlich. Die Menschen waren ganz sie selbst. Sie kannten sich aus und konnten alles benennen. Alles war perfekt. Deshalb hatten sie die Sehnsucht noch nicht. Sie erlebten Gott ganz nahe, spürten seinen Atem, hörten seine Stimme, kannten seine Schritte und verbrachten viel Zeit mit ihm.

Doch dann verrieten sie das alles. Sie vergaßen ihre Identität. Sie wollten Gott übertreffen. Und verloren sich selbst. Jetzt begann die Unsicherheit damit, sie vor sich herzutreiben. Eva und Adam mussten ihre Herzheimat genau wie ihre geografische Heimat verlassen. Sie wurden zu Herzensflüchtlingen.

Diese alte, weise Geschichte erzählt von dem Verlust unserer Identität und Herzheimat. Die nahe Verbindung Gott-Mensch und damit die Verbindung zum inneren Zuhause wurde zerschnitten. Wir haben uns seither selbst verloren (1. Mose 3,24). Deshalb beginnt hier die Suche nach dem wahren Zuhause, die sich durch die Menschheitsgeschichte zieht.

Abraham, ein Urmensch und Nachfahre Adams, verlässt sein Vaterland, um eine andere Heimat zu finden (1. Mose 12,1-3). Es kostet ihn viel. Er ist fremd und wird jahrelang als Flüchtling auf dem Weg sein. Er wird zum Nomaden ohne Zuhause. Auch seine Kinder und Enkel werden Heimatlose sein (1. Mose 15,13). Wie Jakob. Doch es geht um mehr als einen geografischen Ort zum Wohnen.

Wie ein roter Faden setzt sich die Suche weiter fort: Jakobs Sohn Josef wird von den eigenen Brüdern verkauft. Er verliert seine Heimat, seine Familie und das Vertrauen ins Leben und sich selbst. Er erlebt den größten Verrat, den größten Verlust, der einem Menschen passieren kann. Und trotzdem findet er das Größere: Gott ist mit ihm (1. Mose 39,2). Jahre später wird er seinen Brüdern das Leben retten. Josefs Geschwister, Kinder und Enkel finden Asyl in Ägypten. Dort werden sie zu einem großen Volk.

Die Geschichte des Auszugs, der Flucht und der Heimatsuche wird immer und immer wieder erzählt. Bis heute.

Aber dieses große Volk muss wieder fliehen. Die Geschichte des Auszugs, der Flucht und der Heimatsuche wird immer und immer wieder erzählt. Bis heute. Sie erinnert auch mich an die Herzensreise durch die Wüste meiner Seele auf der Suche nach einer Bleibe.

Endlich im Land der Sehnsucht angekommen, werden Könige gekrönt. Aus Zelten werden Häuser. Aus Häusern Paläste. Das Volk scheint ein Vaterland gefunden zu haben. Doch dann kommt der Krieg. Die Israeliten müssen die gefundene Heimat wieder verlassen. Gefangene werden gemacht und Deportationen finden statt. Die Einwohner des Nordreichs werden in ein fremdes Land verschleppt. Wieder einmal sind sie heimatlos. Die Suche hat nie aufgehört.

Es scheint, als ob Gott besonders mit Heimatlosen Geschichte schreibt. Mit Menschen, die um ihre Identität ringen. Doch eine Sache zieht sich durch die Jahrhunderte durch: Gott geht jeden Weg mit.

DIE GESCHICHTE DES HEIMATLOSEN GOTTES

Wir waren mehr als zwanzig Leute, vor allem Jugendliche. Und haben Sofas durch die Innenstadt geschleppt. Schwarze T-Shirts haben wir getragen mit der Aufschrift »Wo bist du zu Hause?«. Wir wollten zum Nachdenken anregen und hatten eine Gitarre dabei. Wir fragten die Leute: »Was ist dein wahres Zuhause? Wo kommst du an? Und wo trägst du ungeniert Jogginghosen? Wo ist dein Wohlfühlort, an dem Äußerlichkeiten nicht zählen? Wo erlebst du Geborgenheit?«

Einer, ein Hüne, ein Riesentyp mit schwarz gefärbten Haaren und einem dicken Kajalstrich unter den Augen, stellte irgendwann die entscheidende Frage: »Mal ganz abgesehen davon, wo wir zu Hause sind: Wo ist eigentlich Gott zu Hause? Trägt der Jogginghosen?«

Eine gute Frage. Wo wohnt eigentlich Gott? Die Antwort kommt möglicherweise schnell. Im Himmel. In der Kirche. Oder fromm: »Dort, wohin man ihn einlädt.« Schon. Aber wenn ich mir die biblischen Geschichten anschaue, dann erscheint es mir manchmal so, als ob Gott selbst heimatlos wäre. Ist Gott ein Flüchtling? Das vielleicht nicht gerade. Aber er ist auf der Suche nach einem Zuhause.

Ist er angekommen? Wo hat er Heimat gefunden? Treibt ihn nicht auch diese gewaltige Sehnsucht, die ihn unruhig macht und ihn bewegt? Deshalb kann man die Geschichte von eben noch aus einer anderen Perspektive erzählen.

Am Anfang bewegt sich der Geist Gottes auf dem Wasser. Es ist finster und leer und wüst. Einsam (1. Mose 1,1-2). Gott schafft sich auf der Welt Heimat. Für sich. Und für Menschen. Die Ursprungsidee ist, dass Menschen und Gott zusammenleben. Das endet aber in der Flucht des Menschen. Sackgasse. Damit ist auch das Vaterland des Schöpfers zerstört. Und trotzdem oder gerade deswegen: Gottes Heimatsuche ist untrennbar mit der Suche des Menschen verbunden.

Deshalb begegnet Jakob in jener unbequemen Nacht dem heimatlosen Gott. Es ist ein Gott, der in Bewegung ist. Er ist ein Nomadengott. Ein Wandergott. Ein Gott, der zwischen Himmel und Erde auf eine Leiter klettert. Während seiner Zeit auf der Erde hat er weder ein Kopfkissen noch einen festen Platz zum Schlafen (Lukas 9,58). Jakob lernt den Gott kennen, der in seine eigene Heimat kommt und dort weder erkannt noch aufgenommen wird (Johannes 1,11). Der stirbt für die Sehnsucht, ein Zuhause bei den Menschen zu haben. Es ist der heimatlose Gott. Der an unbequeme Orte kommt (1. Mose 28,10-22). Er ist besonders bei Flüchtlingen und Flüchtigen. Gott verspricht Jakob eine zukünftige Heimat. Er verspricht, bei ihm zu sein. Als Jakob aufwacht, wird ihm klar: »Hier wohnt Gott! Dieser Ort ist heilig« (siehe 1. Mose 28,16-17). Dort an diesem unbequemen Ort und mitten auf der Flucht wohnt Gott.

»Ich bin es, der bei dir ist! Bei mir ist Heimat! Bei aller Einsamkeit: Ich bin dein Zuhause.«

Gott schreibt Geschichte mit einem Wandervolk. Er erinnert Abraham an das Große:»Ich bin es, der bei dir ist! Bei mir ist Heimat! Bei aller Einsamkeit: Ich bin dein Zuhause.«² Deshalb wandert er mit. Mit dem Flüchtling Abraham. Seinen Enkeln. Und seinen Ururururenkeln und deren Kindern.

Irgendwann auf der großen Flucht heraus aus Ägypten beginnt

das Volk der zwölf Stämme eine Wohnung für Gott zu bauen (2. Mose 40). Er soll ein sichtbares Zuhause bei ihnen haben. Und Gott selbst gibt die Bauanleitung. In einem tragbaren, auf- und abbaubaren Zelt will er wohnen! Die Völker um die Nomaden herum haben Tempel, Standbilder und große Heiligtümer. Der heimatlose Gott JHWH wohnt hingegen im Zelt! Seine Heimat ist beweglich. »Die Herrlichkeit des HERRN erfüllte die Wohnung« (2. Mose 40,34). Auch später im Neuen Testament steht der Begriff »Herrlichkeit« für das göttliche Wohnen.

König David schämt sich eines Tages dafür, dass Gott im Zelt wohnt und er in einem Palast. Er möchte ihm einen Tempel, eine feste Heimat, geben (2. Samuel 7,3). Gott entgegnet ihm: »Ich bin mit dir, wo auch immer du hingehst. Ich werde dir und deinen Kindern und Enkeln eine wahre Heimat schenken« (nach 2. Samuel 7,10). Und er dreht den Spieß noch einmal herum: »Nicht du sollst mir ein Haus bauen, sondern ich werde dir ein Haus bauen« (2. Samuel 7,11; HFA). Und dann kommt die Verheißung auf den, der kommen wird, der Hinweis auf den, der ewige Ruhe schenken wird. Auf den König, der bereit ist, den wahren Tempel, die Wohnung Gottes, die wahre Heimat, zu bringen.

Davids Sohn weiht einen prächtigen Tempel für Gott ein. Zum ersten Mal scheint er einen festen äußerlichen Wohnsitz zu haben. Und trotzdem stellt der weise König Salomo fest: »Der Herr hat gesagt, dass er im Dunkeln wohnen will« (1. Könige 8,12; ELB).

Doch das Volk wird verschleppt. Gott zieht aus seinem Tempel aus und ein in ein Heiligtum, das Rollen hat. Eine der eindrücklichsten Visionen im Alten Testament ist die »Thronwagenvision« in Hesekiel 1. Die Worte dieser Schriftstelle gelten den Juden als heilig. Gottes Thron hat bewegliche Räder. Er kann einfach überall hinfahren. Selbst ins Exil. Wieder einmal ist das Volk Abrahams heimatlos. Und trotzdem gilt: Gott wohnt nicht in einem Gebäude. Gott geht und rollt seinen Kindern sogar nach.

Wie kommen wir nur auf die Idee, dass Gott an einem bestimmten äußerlichen Ort wohnen würde? Warum gelten Kirchen immer als Heiligtümer? Gott wehrt und wehrt sich und weist auf die große, die andere Heimat hin. Er wohnt bei uns und besonders bei den Heimatlosen. Die Sehnsucht hat ihn dorthin gebracht.

Deshalb bricht der heimatlose Gott noch einmal zu einer Reise auf. Er sehnt sich nach Heimat bei den Menschen.

DIE REISE DES HEIMATLOSEN GOTTES

Jesus, Gott selbst, ist der ewige Nomade. Zumindest äußerlich. Er kommt in seine selbst gemachte Heimat und trotzdem wird sie ihm kein Zuhause geben (Johannes 1,11). Geboren wird er nicht im Heimatdorf der Eltern (Lukas 2). Kurz nach seiner Geburt müssen seine Eltern fliehen und eine Zeit im Ausland verbringen (Matthäus 2,13-15). Auch begraben wird er nicht dort, wo er herkommt (Matthäus 27,57-60). Kein einziges Mal heißt es in den Evangelien: »Jesus ging nach Hause.« Er hat keine äußere Heimat. Er wird sterben für die Sehnsucht, ein Zuhause bei den Menschen zu haben.

Jesus wird sterben für die Sehnsucht, ein Zuhause bei den Menschen zu haben.

Und trotzdem: Jesus weiß, wo er hingehört. Er kennt die andere, die größere, die Herzheimat. Dieses Zuhause durchdringt sein Wesen, sein Sein, seinen Charakter. Das verändert alles. Darum ist er göttlich. Seine Herzheimat ist der Vater selbst (Johannes 17). Und sein Zuhause sind die Menschen – Gefährten –, die mit ihm unterwegs sind. Sie sind seine Heimat (Matthäus 12,50).

Seine Wurzeln führen ihn in die Ruhe. Er schläft mitten im Sturm auf dem Boot, weil er in sich beheimatet ist (Markus 4,38). Er lebt aus einem inneren Rhythmus heraus, sucht die Stille (Matthäus 14,13). Er pflegt sein geistliches Leben (Lukas 9,19) und feiert die Feste, wie sie fallen (Johannes 2). Er weiß, wohin sein Weg geht, und ist sich seiner Berufung bewusst (zum Beispiel Matthäus 16,21-23).

Er gibt weiter, was er an Heimat in sich trägt: Er heilt, versorgt, legt den Finger in Wunden, predigt, schenkt Hoffnung. Und weil er Heimat in sich trägt, nämlich Gott selbst, wird er die Weltgeschichte verändern. Er stirbt als Heimatloser, obwohl er das sicherste Vaterland überhaupt hat (Matthäus 27,46). Auferstehen wird er, um nach Hause zu gehen (Johannes 20,17). Einen Ort zum Bleiben bietet ihm die Welt nicht.

Jesus trägt ein Geheimnis in sich. Obwohl er äußerlich keine feste Bleibe hat und ihn niemand aufnimmt, ist er tief in sich zu Hause. Er lebt ein Geheimnis, das ich kennenlernen möchte. Auf dieser Suche bin ich.

DAS ZUHAUSE GOTTES

Das Geheimnis hängt mit dieser Frage zusammen: Wo wohnt Gott? Er hat keine feste, äußerliche Bleibe gefunden. Aber seine Verheißung an die flüchtigen Menschen gilt: Ich bin bei euch. Wie genau soll ich mir das vorstellen?

Wo wird die Sehnsucht des heimatlosen Gottes gestillt? Wo ist sein Rückzugsort? Wo kann er alle Masken fallen lassen? Wo kennt er sich aus? Nehmen wir einmal an, Gott würde beim Nachhausekommen die Jogginghosen anziehen. Gibt es diesen Ort? Wo ist das Wohnzimmer Gottes? Wo wartet er? Wo lebt er? Wo wirkt er? Klar, uns fällt sofort der Himmel ein: golden, prunkvoll, göttlich. Und: weit weg. Aber: Kurz bevor Jesus ermordet wird, verspricht er seinen Gefährten: »Ich will euch nicht als Heimatlose zurücklassen. Ich komme wieder zurück« (nach Johannes 14,18). Er sagt: »Ich und der Vater werden Wohnung nehmen in euch« (nach Johannes 14,23b). Die Wahrheit ist einfach, weise und tief.

Gott hat unser Herz dafür gemacht, eine Wohnung zu sein. Gottes Schöpfung, unsere Herzen, wurde dafür geschaffen, Gottes Heimat auf dieser Erde zu sein. Es braucht keine äußerlichen Gebäude. Der heimatlose Gott findet in uns sein Zuhause. Unser Herz, unser Wesen, unser Sein ist Heimat Gottes (Apostelgeschichte 17,27-28).

Gott ist kein Gast bei uns, sondern Bewohner. Das ist ein Geheimnis. Paulus beschreibt es so: »Diese Botschaft war in der Vergangenheit über viele Jahrhunderte und viele Generationen hinweg wie ein Geheimnis verborgen; jetzt aber wurde es denen enthüllt, die zu ihm gehören. Und das ist das Geheimnis: Christus lebt in euch! Darin liegt eure Hoffnung: Ihr werdet an seiner Herrlichkeit teilhaben« (Kolosser 1,26-27; eig. Übersetzung).

Es ist wirklich ein Geheimnis. Und es ist ein Umdenken nötig. Denn wenn ich einfach nur »an Gott« glaube, dann könnte er ja außerhalb von mir wohnen. Dann ist er »Gegenüber«. Dann versuche ich zu ihm zu kommen, zu ihm durchzudringen, an ihn heranzutreten. Das haben Menschen jahrtausendelang versucht – und es ist ihnen mal mehr, mal weniger gelungen. Das Geheimnis ist, dass er in uns wohnt. Er ist mir nicht nur nahe, sondern er ist das Tiefste in mir. Er prägt und bestimmt mein Wesen. Er ist mir näher, als ich es mir selbst bin. Das verspricht Jesus (Johannes 20,21) und er betet sogar dafür (Johannes 17,11).

Dort, in deinem Herzen, begegnest du dem heimatlosen Gott.

Dort, in deinem Herzen, begegnest du dem heimatlosen Gott. Da hat er Heimat gefunden. Er sehnt sich danach, dass du in deinem Herzen genauso zu Hause bist wie er.

Als wir an jenem Tag mit dem Sofa durch die Innenstadt zogen, stieg diese Ahnung in mir hoch. Vielleicht nimmt Gott nicht nur Raum in meiner Herzenswohnung. Gibt es da möglicherweise ein ganzes Land in mir? Ein Land, das Gott bewohnt? Ein Land, in dem ich spazieren gehen kann? Könnte dieses Land nicht meine Herzheimat werden?

Mittlerweile bin ich überzeugt: Gott unternimmt Streifzüge und geht in meinem Herzen spazieren. Dort finden sich unterschiedliche Landschaften: Gärten, Städte, Wüsten, Flüsse. Und er ist überall. Er kennt mein Herz. Es ist sein Vaterland. Vielleicht geht es dann doch um jenes Land, das die ersten Menschen Paradies nannten. Dort, wo

Menschen und Gott gemeinsam Heimat gefunden haben. Denn es scheint einen Ort zu geben, an dem ich selbstverständlich mit Gott Gemeinschaft haben kann. Weil er dort wohnt. Mein Herz ist das Vaterland Gottes. Und wie Adam und Eva möchte ich dort mit ihm in der Kühle des Tages spazieren gehen.

Es geht letztlich darum, dass ich einen Weg zu mir selbst finde. Weil dort mein innerstes Zuhause ist. Und Gott dort auf mich wartet. Darin liegt der tiefe Sinn dieser alten Worte: »Nicht mehr ich bin es, der lebt, nein, Christus lebt in mir« (Galater 2,20; NGÜ).

DAS ZUHAUSE DES MENSCHEN

Und noch mehr: Wenn der Vater selbst in mir zu Hause ist, dann bin ich auch bei ihm zu Hause. Das klingt verrückt. Vielleicht klingt es sogar abwegig. Und trotzdem ist es der tiefste Sinn des Weges mit Gott: Wenn Gott selbst in mir Heimat gefunden hat, dann kann ich auch bei ihm zu Hause sein.

Wer Gott in seinem Herzen begegnet, der ist immer auch Einwohner des Herzens Gottes. Die Bibel nennt es »Himmel«. Wenn Gott in uns wohnt, ist unsere Heimat im Himmel (Philipper 3,20). Wenn Gott ganz bei und in uns ist, sind wir bei und in Gott. Wir sind also Bürger des Himmels (Epheser 2,19). Wir sind Teil seiner Familie. Auch Gott trägt eine Herzenslandschaft in sich, die wir entdecken dürfen. Das ist meine Hoffnung. Das ist das Ziel und das Ende meiner Flucht und Suche. Und es ist auch der Anfang. Denn ich entstamme dem Herzen Gottes. Es prägt mich, mein Wesen, meine Identität. Hier erlebe ich Ankommen, Angenommensein, Geliebtsein.

Das hat schon damals die Herzensflüchtlinge geprägt. »Sie sehnten sich nach etwas Besserem, nach einer Heimat im Himmel. Daher schämt sich Gott auch nicht, ihr Gott genannt zu werden; schließlich hat er ´im Himmel` tatsächlich eine Stadt für sie erbaut« (Hebräer 11,16; NGÜ). Deshalb sprechen die Autoren der biblischen Bücher davon, dass wir Gäste auf der Erde sind. Unser Wesen, unsere Identität, unsere Heimat werden von etwas ganz anderem bestimmt.

DAS ZIEL UNSERER REISE

Diese Sehnsucht drängt mich dazu, mich auf den Weg zu machen. Zu lange war ich jetzt als Herzensflüchtling unterwegs. Ich möchte ankommen! Wie oft habe ich gehört, dass Gott in mir lebt. Schon als Kind habe ich gebetet:»Ich bin klein. Mein Herz mach rein! Soll niemand drin wohnen als Jesus allein!« Aber was genau bedeutet das? Was heißt das, dass Christus in mir wohnt?

Ich möchte es genau wissen! Ich möchte mein Herz kennenlernen, um dort Gott zu begegnen. Und ich möchte ein Zuhause im Vaterland finden.

Vielleicht geht es genau darum bei unserer Heimatsuche. Vielleicht ist das das Ziel unserer Reise. Liegen nicht hier Ruhe, Sicherheit, Geborgenheit und Identität?

Mein Herz wurde als Heimat erschaffen. Es ist Heimat Gottes. Und: Mein Herz wurde dafür gemacht, in Gott zu Hause zu sein (Johannes 14,20 und viele andere Bibelstellen aus dem Johannesevangelium, zum Beispiel 6,56; 14,20; 15,4; 15,5; 15,7; 16,33; 17,21; 17,23; 17,26).

Dieses Buch ist deshalb ein Wandern, ein Reisen, ein Suchen, ein Sehnen. Zu mir selbst. Und zu Gott. Und immer: zu einem Zuhause. Die folgenden Kapitel möchten dir dabei helfen, die Reise in deine Heimat anzutreten und dabei ganz bei dir zu sein. Wer weiß: Vielleicht begegnet dir an einem unbequemen Ort der Herzensflucht – ähnlich wie Jakob – der heimatlose Gott.

HEIMATHAFEN

- Ist Gott wirklich heimatlos?
- Wer Gott in seinem Herzen begegnet, der ist immer auch Einwohner des Herzens Gottes. Bist du Gott in deinem Herz schon begegnet?

KAPITEL 3

Pioniere im neuen Land

Sie betreten Neuland. Es soll zu ihrer neuen Heimat werden. Sie sind die, die vorausgeschickt wurden, um alles zu erkunden. Es gibt genügend Quellen, die viel Wasser führen. Die Landwirtschaft scheint zu florieren, was auf fruchtbaren Boden hindeutet. Außerdem wirken die Bewohner zufrieden und gut genährt. Alles in allem: ein gutes Land. Sie gehen zurück zu ihren Familien und berichten begeistert von ihren Entdeckungen. Aber neben der Begeisterung sind da auch Zweifel. Können sie dieses Land wirklich einnehmen? Soll es tatsächlich ihre neue Heimat werden? Für sie, die sie nun über Generationen flüchtig waren? Was, wenn sie sich fremd fühlen werden? Die Ersten beginnen zu murren und zu zweifeln. Es kommen Haderer und Pessimisten dazu. Das Ende ist ein Putschversuch gegen die Anführer: Lieber will man in der Wüste auf der Flucht bleiben als in das neue Land ziehen. Zu groß, zu gewaltig, zu satt scheint es zu sein. Und man selbst kommt sich einfach zu klein vor.

So oder so ähnlich muss der Erkundungsgang von Josua und einigen Freunden in die neue Heimat hinter dem Fluss Jordan abgelaufen sein. Die Israeliten sind zu einem Flüchtlingsvolk geworden, seit vierzig Jahren sind sie als Herzensflüchtlinge unterwegs. JHWH stellt ihnen eine neue Heimat in Aussicht. Sie schicken Kundschafter aus. Die staunen und werden ehrfürchtig (4. Mose 13). Sie wagen kaum zu glauben, dass das ihre zukünftige Heimat werden soll. Aber statt sich zu freuen und zu vertrauen, beginnt ein Aufruhr gegen die Anführer (4. Mose 14,1).

Was wäre, wenn es mit unserem Herzen genauso ist? Wenn uns Gott unser eigenes Herz als gute Heimat in Aussicht stellt und wir dieses Land einfach nicht in Anspruch nehmen? Was wäre, wenn wir kurz davor wären, zu Hause anzukommen, aber eine Angst in uns flüstert, dass wir zu unbedeutend wären, als dass Gott in uns wohnte? Statt in die Heimat, die reich an Quellen, Früchten und Gutem ist, ziehen wir als Flüchtlinge in der kargen, trostlosen Wüste umher.

Wenn das so wäre, möchte ich zumindest meine Kundschafter aussenden, um das Land zu erkunden, das da in mir ist und das die Heimat Gottes sein soll.

ERSTE EXPEDITION

Wenn wir Begegnungen mit Gott in unserem Herzen haben wollen, dann wäre es doch sinnvoll, diese Herzheimat genau zu kennen. Gewiss, es ist eine Abenteuerreise. Es warten Überraschungen, nie gekannte Schönheiten und Naturgewalten auf uns. Es gehört Mut dazu. Und Ruhe. Vielleicht wäre es auch gut, eine Art »Landkarte« von der inneren Heimat anzufertigen. Diese Landkarte könnte man über Wochen, Monate und vielleicht Jahre ergänzen. Und genau dazu möchte ich ermutigen. Schließlich haben das all diejenigen gemacht, die sich in neues Land aufgemacht haben. Nimm also ein Blatt Papier zur Hand und hol einen Stift! Stell Fragen und bleib da stehen, wo etwas in dir zum Klingen gebracht wird! Manches wird auf den ersten Blick deutlich. Anderes wird dir nachgehen und es werden weitere Fragen dazukommen.

Entdecker von neuen Ländern und Kontinenten gehen vorsichtig vor. (Erst später kommen die Eroberer und es folgen Ausbeutung und Landraub. Aber das ist eine andere Geschichte.) Von Christopher Columbus wird erzählt, dass er staunte: »Unseren Blicken bot sich eine Landschaft dar, die mit grün leuchtenden Bäumen bepflanzt und reich an Gewässern und allerhand Früchten war.«[3] So einen Blick auf mein Herz wünsche ich mir. Ich möchte stauen und mich freuen, was es dort gibt und welche Schönheiten auf mich warten.

Welche leuchtenden Bäume wachsen in deiner Herzheimat? Wo liegen Quellen und wo gibt es die besten Früchte? Fange an, darüber zu stauen, wenn du über diese großen Schätze nachdenkst.

QUELLEN

Beginnen wir mit unserem Streifzug bei den Quellen. Das Wichtigste im neuen Land ist Frischwasser. Davon geht alles Leben aus.

Wo in deinem Herzen sind diese Quellen? Wo ist Leben zu spüren? Was belebt dich? Was schenkt dir Kraft? Wohin kehrst du immer wieder zurück? Sind es tragende Beziehungen? Ein Schlüsselerlebnis? Ein bestimmtes Ritual? Ist es ein bestimmter Ort? Deine Herkunftsfamilie? Ein bestimmtes Buch? Ist deine Quelle der Glaube an Gott? (Schreibe das nicht zu schnell auf. Belebt er dich wirklich? Oder kostet er dich mehr Kraft?) Ist es eine gute und behütete Kindheit? Hast du das Gefühl bedingungsloser Liebe erlebt? Welche Situationen geben dir Energie und helfen dir, weiterzugehen? Wann erlebst du Sicherheit? Um welche Themen machst du dir keine Sorgen? Wie viele Quellen hast du?

Ich habe bei meiner Suche nach meinen Quellen zum Beispiel irgendwann entdeckt, dass für mich die Natur eine großartige Quelle ist. Wenn ich eine Stunde spazieren gehe, fühle ich mich oft wie neugeboren und kann Kraft tanken. Das ist einfach und tut meiner Seele so gut. Eine weitere Quelle in meinem Leben ist meine Herkunftsfamilie. Die liebevollen Beziehungen zu meinen Geschwistern, ihre Hilfsbereitschaft, Verlässlichkeit und geteilten Erlebnisse geben meinem Leben immer wieder Energie und neue Ausrichtung. Deshalb gehe ich regelmäßig an diese Quelle zurück, genieße die Zeiten mit meinen Geschwistern und deren Familien und räume mir bewusst Zeit dafür ein.

FRÜCHTE

Josua erzählt von den Früchten des neuen Landes, als er wieder im Lager der Flüchtlinge ankommt. Er bringt Granatäpfel, Weintrauben und Feigen mit. Die Israeliten staunen über die Größe und den süßen Geschmack (4. Mose 13,23).

Was kann dein Herz über die Früchte deines Lebens erzählen? Wo ist schon Gutes gewachsen? Was hast du erreicht? Welches Ziel ist zum Greifen nahe? Welche Talente hast du? Welche Kompetenzen hast du dir erworben? Was in deinem Leben ist richtig nährstoffreich? An was erfreust du dich? Was ist schon richtig gut gelaufen? Welche Erfolge kannst du verzeichnen? Ist es dein Beruf? Ist es eine Beziehung? Ist es eine Leidenschaft, die du lebst? Ist es ein Schulabschluss, für den du hart gearbeitet hast? Ist es eine handwerkliche Tätigkeit, die du beherrschst? Ist es eine gute Entscheidung, die du getroffen hast? Sind es die Kinder, denen du ins Leben hineingeholfen hast? Eine Idee, ein Projekt, eine Tat?

Suche nach diesen Früchten. Sei nicht zu kleinlich oder zu perfektionistisch. Schreibe auf und staune!

Kurz vor der Geburt unseres dritten Kindes habe ich bewusst solche Früchte gesammelt. Ich habe aufgeschrieben, was ich in den letzten Jahren Gutes bewirkt und erlebt habe. Ich habe für jede Frucht im Ehrenamt, in der Familie und in meinem beruflichen Leben einen Stein an meinen Gebetsplatz gelegt, den ich beschriftet habe. Das hat mir so gutgetan. Das Sammeln der Früchte hat mir für die Geburt des Kindes viel Kraft gegeben.

BÄUME

Die Kundschafter des heimatlosen Volkes bekommen außerdem den Auftrag, nach den Bäumen des Landes zu schauen. Welche und wie viele wachsen in der neuen Heimat (4. Mose 13,20)? Der Baum hat eine großartige Symbolik und ist schon immer bedeutungsvoll für den Menschen. Im Paradies stehen Bäume, die Gott gepflanzt hat und die reiche Früchte tragen. Ein besonderer Baum befindet sich genau in der Mitte des Gartens. Es ist der Baum der Erkenntnis. An ihm entscheidet sich die Weltgeschichte. Bäume ragen mit ihren tiefen Wurzeln tief in die Erde und ihre Krone streckt sich dem Himmel entgegen. Deshalb stehen sie für eine gesunde Spiritualität. Sie stehen für einen gereiften, gewachsenen Glauben.

Wie steht es um deinen Glaubensbaum? Welche Wurzeln hat er? Streckt er sich dem Himmel entgegen? Besuchst du ihn ab und zu? Wo ist er gewachsen? Wer hat ihn gepflanzt? Wer hat ihn gegossen? Kannst du seine Lage beschreiben? Trägt er eine breite Krone, die dir Schatten spendet, oder steht er verkümmert im Wind auf freiem Feld? Trägt er Früchte? Wie wäre es mit einem kleinen Zeichenversuch auf deiner Landkarte?

STÄDTE

Gibt es in deinem Herzen eine Stadt oder eine Siedlung? Gibt es einen Ort, an den du dich zurückziehen kannst, an dem du dich sicher fühlst und an dem du du selbst sein kannst? Wie sieht diese Stadt aus? Welcher Teil deines Herzens bietet dir Sicherheit? Ist es ein Ort? Eine bestimmte Zeit am Tag oder im Jahr? Sind es Menschen, bei denen du ganz du selbst sein kannst? Ist es ein Gedanke, in dem du dich ganz zu Hause fühlst? Wo fühlst du absolute Ruhe?

Ich selbst zum Beispiel liebe den Morgen. Wenn alles ruhig ist, die Kinder und mein Mann noch schlafen. Der Tag ist still. Noch fordern mich keine Aufgaben oder Wünsche, die an mich herangetragen werden. Diese Zeit am Morgen ist meine innere Stadt. Von ihr geht Sicherheit aus und in diesen Minuten bin ich ganz bei mir zu Hause.

GRENZEN

Das neue Land kennt auch Grenzen. Hier beginnt das Land der anderen. Auch unser Herz, unser tiefstes Sein, kennt diese Grenzen. Wir wissen nicht alles. Wir können nicht alles. Wir sind nicht alles. Wo bist du an Grenzen gestoßen? Wo hast du eine Grenze überschritten? Weißt du, wo die Grenzen liegen? Bist du schon einmal nahe an sie herangetreten oder bleibst du lieber in dem Bereich, den du schon kennst (Apostelgeschichte 17,26)? Gott, der Mitbewohner, hat dir diese Grenzen geschenkt. Es sind Grenzen der Kraft, der Zeit, des Vermögens.

Mir fällt es zum Beispiel leicht, mir spannende Projekte auszudenken. Ich lasse mich sehr leicht von Ideen inspirieren und würde mich gerne an vielen Stellen einbringen. Es ist mir schon manchmal passiert, dass ich für ein Engagement zugesagt habe und dann – teilweise Tage später – festgestellt habe, wie unrealistisch es ist, dort mitzuwirken. Oft ist es die Zeit, die mir fehlt. Manchmal ist es bitter, dass ich hier meine Grenze erlebe.

Wo bin ich nicht mutig genug, einen Schritt weiter zu gehen? Wie oft begrenzt mich ein falsches Bild von mir selbst? Wo hält ein Gefühl der Angst mich davon ab, eine Gabe wirklich zu leben?

Und gleichzeitig ist es so heilsam zu wissen, dass genau hier das »Land der anderen« beginnt. Ein anderer wird für mich diese Idee umsetzen, eine andere wird das Engagement an meiner statt wahrnehmen. Und wenn das nicht passiert, dann lerne ich zu akzeptieren, dass eine bestimme Sache nicht oder später umgesetzt wird.

Neben der Kunst, meine Grenzen zu akzeptieren, ist es genauso wichtig, manche selbst gesetzte Zäune nicht mit tatsächlichen Grenzen zu verwechseln. Wo bleibe ich hinter meinen Möglichkeiten zurück? Wo bin ich nicht mutig genug, einen Schritt weiter zu gehen? Wie oft begrenzt mich ein falsches Bild von mir selbst? Wo hält ein Gefühl der Angst mich davon ab, eine Gabe wirklich zu leben?

Eine sehr kurze, aber eindrückliche Geschichte im Alten Testament wird mir hier zum Vorbild. Ein Mann namens Jabez wurde unter schwierigen und komplizierten Voraussetzungen geboren. Anscheinend war er seit seiner Geburt mit offensichtlichen und unsichtbaren Begrenzungen vertraut. Sein Gebet war trotz der schwierigen Umstände:»Ach dass du mich segnetest und mein Gebiet mehrtest und deine Hand mit mir wäre und schafftest, dass mich kein Übel bekümmere!«(1. Chronik 4,10). Und Gott ließ geschehen, worum er bat. Wie oft bleiben wir hinter unseren Möglichkeiten zurück, weil wir uns an eine vermeintliche Begrenzung gewöhnt haben! Sätze wie »Ich bin halt so!« oder»Das werde ich nie schaffen!« halten uns auf eine falsche und verschlagene Art klein. Die kurze Beschreibung des Jabez lehrt mich: Wenn die Umstände mich scheinbar noch so sehr einengen, Gott wird und kann mein Gebiet erweitern und falsche oder selbst auferlegte Begrenzungen liebevoll aus dem Weg räumen. Der Gott der Freiheit lockt mich hinaus in die Weite.

EINFLUSSREICHE PERSÖNLICHKEITEN

Die mutigen Kundschafter rund um Josua erforschen die Geschichte des verheißenen Landes (4. Mose 13,22). Auch ich möchte nach der Geschichte meines Herzens forschen.

Wer waren die Persönlichkeiten, die Einfluss auf dein Herzensland genommen haben? Welche Ideen haben sie mit dir verfolgt? Waren sie dir zugewandt oder haben sie dich für ihre Zwecke missbraucht? Welche Sätze prägen dein Herz? Fallen dir sofort Gesichter ein, die Geschichte in deinem Herzen geschrieben haben? Welche Geschichte prägt dein Land?

Die mutigen Kundschafter rund um Josua erforschen die Geschichte des verheißenen Landes (4. Mose 13,22). Auch ich möchte nach der Geschichte meines Herzens forschen.

Ich habe vor einigen Jahren begonnen, Geschichten und Wissen über meine Vorfahren zu sammeln. In gewisser Weise haben sie meine Persönlichkeit mit beeinflusst. Zum Beispiel habe ich entdeckt, dass bis vier Generationen vor mir alle Frauen berufstätig waren und an ihrer Stelle wesentlich gewirkt haben: beim Aufbau eines großen Familienunternehmens, beim Betreiben eines Einzelhandels oder bei der Leitung eines großen landwirtschaftlichen Betriebes. Außerdem gab es unter meinen Vorfahren zwei Künstler. Kein Wunder also, dass ich zumindest in Teilen einen unternehmerischen Geist und einen großen Sinn für Ästhetik in mir trage. Aber auch ein Freund oder eine Patin, ein Jugendgruppenleiter oder eine Lehrerin können solche Persönlichkeiten in deinem Leben sein.

NATURKATASTROPHEN

Gab es in deinem Herzensland große Stürme, Dauerregen oder lange Dürrezeiten? Wann waren diese Zeiten und bestimmen sie bis heute die Landschaft? Mussten oder müssen noch Aufräumarbeiten stattfinden? Gab es Zerstörung? Wann bestimmte das milde, angenehme Klima das Wetter im neuen Land? Wann waren sonnige Zeiten? Welches Wetter herrscht gerade in deinem Herzen?

Nach unserem Umzug und vor meiner Heimatsuche herrschte ein Jahr lang eine Sonnenfinsternis in mir. Ich konnte nur noch schwarzsehen. Ich konnte monatelang nicht mehr richtig schlafen. Selbstvorwürfe zerfleischten mich. Neben der Schlaflosigkeit war da diese große Erschöpfung. Jede Kleinigkeit war mit einer großen Anstrengung verbunden. Ich konnte nicht mehr offen und liebevoll auf Menschen zugehen und meine Kinder bekamen meine negativen Emotionen oft – wenn auch unterbewusst – mit. Es herrschte eine traurige und schwarze Dürrezeit in mir, ausgelöst von der Sonnenfinsternis. Ich weiß um »Landstriche« in mir, die von dieser Dürrezeit besonders geprägt sind. Wenn die Gefühle in mir wieder hochkommen und die Sonne sich verfinstert, dann gehe ich bewusst und vorsichtig mit mir um. Inzwischen fängt es auf dem ausgebrannten Boden wieder an zu grünen und zu blühen. Trotzdem erinnere ich mich immer wieder daran, sorgfältig und geduldig mit diesen Landschaften in mir umzugehen.

KRIEGE UND FEHDEN

Sieht man deinem Herzen an, dass es Kriege oder kleinere Fehden gab? Wo liegen die Massengräber? Wo siehst du Zeichen der Zerstörung? Wo sind ganze Landstriche Ödland? Welchen Teil des Herzens betrittst du nicht mehr, weil es zu schmerzhaft ist, sich dort aufzuhalten? Wo sind Friedhöfe? Welche Träume hast du begraben? Welche Krater der Enttäuschung kannst du sehen? Welchen Feinden bist du begegnet? Wo bist du um Jahre zurückgeworfen, weil dich jemand oder ein Umstand versklavt hat?

Josua begegnete im Land der Verheißung Riesen. Vor welchen Riesen läufst du davon? Wo siehst du ihre Fußabdrücke in deinem Herzen? Gibt es einen bestimmten Bereich oder Landstrich, der besonders von Riesen bewohnt wird?

Solche Fußabdrücke könnten zum Beispiel eine schwierige oder zerbrochene Ehe der Eltern sein. Wenn laute und hässliche Auseinandersetzungen zwischen Vater und Mutter die Kindheit prägten, kann das dazu führen, dass Menschen im Erwachsenenalter Konflikte, harsche Worte und Auseinandersetzungen scheuen. Aber auch eine spitze Bemerkung, die sich tief in unsere Gedanken eingebrannt hat, kann ein Fußabdruck eines Riesen sein. Das Gefühl, einfach nicht wahrgenommen zu werden, kann den Krater der Enttäuschung größer werden lassen.

ANGELEGTE GÄRTEN UND BESTELLTE FELDER

Gibt es in deinem Herzensland angelegte Kulturflächen: Äcker, Felder und Gärten? Sie müssen regelmäßig gepflegt, begossen und beschnitten werden. Kannst du diese Gärten und Felder sehen? Was hütest du gut? Was pflegst du regelmäßig? Welche Fertigkeiten brauchst du dafür? Was in deinem Herzen wird regelmäßig von dir besucht? Schaust du nach dir und dem Rechten? Achtest du dich selbst? Wo blühst du auf? Was gedeiht in deinem Leben prächtig?

Seit einiger Zeit pflege ich meine Lesekultur. Das Lesen eines guten Buches gibt mir Kraft und inspiriert mich. Es passiert aber nicht einfach so. Ein gutes Buch muss gesucht, organisiert und dann auch gelesen werden. Deshalb habe ich begonnen, mich verstärkt mit Bücherlisten auseinanderzusetzen. Ich tausche mich mit einem guten Freund über dessen Lesestoff aus. Das Wichtigste dabei ist: Ich schaffe mir Zeit zum Lesen. Zwischen Haushalt, Kindern, Ehrenamt, Arbeit, Referententätigkeit reserviere ich mir einen Abend oder einen Vormittag in der Woche zum Lesen. Mehr und mehr sehe ich hier einen blühenden Garten wachsen.

HEILIGE STÄTTEN

Wo sind deine heiligen Stätten? Wo empfindest du Ehrfurcht? Welchen Gedanken hältst du heilig? Welcher Erinnerung baust du eine Kathedrale? Welchen Traum träumst du? Für was bringst du Opfer?

Wo sind deine heiligen Stätten? Wo empfindest du Ehrfurcht? Welchen Gedanken hältst du heilig? Welcher Erinnerung baust du eine Kathedrale? Welchen Traum träumst du? Für was bringst du Opfer?

Einer meiner heiligen Gedanken ist: »Gott schreibt mit jedem Menschen seine Geschichte!« Ich träume davon, mit Menschen unterwegs zu sein und deren Geschichte mit Gott zu erfahren. Dafür bin ich bereit, Opfer zu bringen. Es sind die Opfer der Besserwisserei oder der falsch verstandenen »Mission«. Ich liebe Erinnerungen an geteilte Geschichten. Und ich empfinde Ehrfurcht vor den Gottesgeschichten der Menschen, die ich gehört habe.

Es ist ein Abenteuer, durch meine Herzenslandschaft zu ziehen und diesen Fragen nachzugehen! Es sind Streifzüge durch bekanntes und unbekanntes Land. Ganze Landstriche wurden von mir nie besucht und nur langsam wage ich – Schritt für Schritt und zunächst als Beobachterin –, die unbewohnten Flächen zu betreten. Es ist Neuland. Nicht immer. Manche Landstriche kenne ich von früher, betrete sie nur viel zu selten. Andere Orte kenne ich gut, sie sind vertraut. Manche davon verbinde ich auch sofort mit einem schmerzhaften Gefühl.

Das waren die ersten Streifzüge im Land, das ich Herzheimat nenne. Es fällt mir noch schwer, dieses Land – das mir manchmal so unbekannt vorkommt – wirklich in Besitz zu nehmen. Die Sehnsucht nach Heimat aber treibt mich an. Deshalb wage ich die ersten vorsichtigen Abenteuer.

DER SCHATZ

Wir befinden uns auf einer Tour, die uns mehrere Tage durch den Yukon im Nordwesten Kanadas und später nach Alaska führen wird. Wir sind schon seit einigen Tagen auf der ehemaligen Goldgräberroute unterwegs. Hier leben mehr Bären als Menschen. Es ist einsam, die Landschaft ist reizvoll, aber herausfordernd. Generationen vor uns sind auf diesem Trail Hunderte Kilometer zu Fuß unterwegs gewesen. Sie haben hohe Schneefelder überquert und sind über felsige Steine geklettert. Sie sind über Berge gewandert und manche von ihnen sind in den plötzlich auftretenden Stürmen umgekommen. Bittere Kälte und sengende Hitze haben die Goldgräber nicht davon abbringen können, den Chilcoot-Trail zu gehen. Sie wollten quer über die Berge und erwarteten in den Flussbetten der anderen Seite kostbares Gold. Sie nahmen große Gefahren auf sich, um endlich den Schatz heben zu können, von dem sie alle träumten. Sie witterten Ruhm und Reichtum auf der anderen Seite der Berge. Dagegen ist die Trekkingtour, die wir auf dem Weg der Pioniere von damals machen, fast ein Kinderspiel. Damals lockte die Abenteurer die Sehnsucht nach einem großartigen Schatz. Wir dagegen stellen uns der Herausforderung, nicht von einem Bären gefressen zu werden und mit den mitgebrachten Lebensmitteln durchzuhalten. Als wir nach mehreren Tagen in der Wildnis tatsächlich an einem wunderschönen See ankommen, weiß ich: Diese Tour hat sich gelohnt. Zwar haben wir kein Gold gefunden, aber wir sind eine Erfahrung reicher, und immerhin: Wir wurden von keinem Bären gefressen.

Ganz in der Nähe ist der Fluss Klondike River. Hier haben die Pioniere von damals nach Gold gesucht. Manche davon sind tatsächlich fündig und damit reich geworden. Ich beginne zu ahnen, was es sie gekostet haben muss, hierherzukommen, und welche Erwartungen sie getrieben haben.

An diesen Trail denke ich manchmal in Zusammenhang mit dem Schatz, der in jedem Menschen liegt. Der Gedanke, dass es mich auch etwas »kosten« wird, ihn zu heben, laugt mich nicht aus, sondern belebt mich. Es spornt mich an, dass etwas Außergewöhnliches wartet – manchmal in oder nach einer Krise. Wie finde ich diesen Schatz im eigenen Herzen? Ich weiß, es geht nicht um eine besondere Sache, es geht um Begegnung mit dem Bewohner. Er ist der Schatz, das Gute in der Herzheimat.

Eine Nonne (übrigens eine andere als die vom Anfang) erklärte mir es einmal so: »Da ist ein Schatz in dir vergraben. Es gilt, ihn zu finden. Du musst nicht bei Menschen suchen oder in Büchern. Du brauchst keine besondere Technik. Der Schatz ist schon lange da. Er ist vielleicht zugeschüttet. Vielleicht musst du graben. Vielleicht wird es dich etwas kosten. Aber den Schatz kann dir niemand wegnehmen. Du musst auch nicht besonders schnell sein. Er läuft nicht weg. Es ändert nichts an seinem Wert, ob du ihn freigräbst oder nicht. Er ist da. Dieser Schatz ist dein innerster Kern. Es ist der Ort, an dem Jesus wohnt.«

Die Landschaft, die wir betreten haben, ist bewohntes Gebiet. Gott selbst wohnt dort und unternimmt schon lange ausgedehnte Spaziergänge. Er kennt das Land wie seine Westentasche. Die Unwetter, die Sonnenzeiten, die Geschichte sind ihm besser bekannt als uns selbst. Er hält sich dauerhaft dort auf. Es hat gereicht, dass wir ihn einmal dorthin eingeladen haben. Er gießt die Gärten der Barmherzigkeit und pflegt die Bäume der Sehnsucht in uns. Er erfreut sich an den

Früchten, auch wenn wir sie übersehen sollten. Er hält die Quellen sauber und weiß bestens über die Grenzen Bescheid. Er kennt jeden Krieg und hat selbst hohe Verluste erlitten. Er trauert an den Gräbern, während wir sie nicht einmal besuchen wollen und einen großen Bogen um sie machen. Er durchstreift die öden Landschaften in den einen Teilen und genießt die satten Wiesen in anderen. Selbst die heiligen Stätten werden ihm nicht wirklich zur Konkurrenz.

Tage verbringt er damit, zu warten und nach mir Ausschau zu halten. Es ist die erste und vielleicht die einzige Frage, die er stellt: »Wo bist du?« (1. Mose 3,9). Diese Frage hat er schon in der anderen Heimat gestellt, dem Garten des Anfangs. Sie war an den ersten Menschen gerichtet. Und seitdem fragt er jeden: »Wo bist du?« Und er sehnt sich danach, dass wir in unserer Heimat ankommen. Wie kann das geschehen? Für mich sind dabei vier Punkte wichtig.

> Gott kennt das Land wie seine Westentasche. Die Unwetter, die Sonnenzeiten, die Geschichte sind ihm besser bekannt als uns selbst. Im Herzen, begegnest du dem heimatlosen Gott.

1. TRETE DIE REISE SELBST AN!

Im Mittelalter sollen reiche Menschen manchmal andere damit beauftragt haben, für sie auf Pilgerschaft zu gehen. Allerdings kannst du die Reise in dein eigenes Herz nicht »outsourcen«. Nur du kannst sie antreten. Nur du kannst Entdeckungen in deinem Herzen machen!

Manchmal meinen wir, dass eine besondere Konferenz, eine bestimmte Gottesdienstform oder das Zusammensein mit anderen inspirierenden Menschen diese Reise ins eigene Herz erspart oder ersetzt. Meine Entdeckung aber ist, dass mir diese Reise niemand abnehmen kann. Ich allein bin verantwortlich für den Aufbruch in mein Herz!

Und so trete ich die Reise an. Wenn einer dort wohnt, der auf mich wartet, dann verändert das alles. Dann bin ich gewollt, sehnlichst herbeigewünscht. Die Sehnsucht wächst auch bei mir, den

Einwohner meiner Herzheimat besser kennenzulernen und damit auch die Landschaft dort zu durchdringen. Dafür braucht es eine gute Form des Alleinseins. Ich möchte mir Zeit nehmen für mich und nicht von Worten, Gesten und Gedanken eines Mitreisenden durcheinandergebracht werden. Sosehr ich die Gemeinschaft liebe und brauche: Ab und zu ist Alleinsein nötig. So kann ich mich konzentrieren. Auf mich. Auf Gott. Nur ich und er und die Landschaft, die vor uns liegt. Diese innere Reise mit einer äußeren Reise zu verbinden, tut gut. Und genau das tue ich.

Der Advent steht vor der Tür und ich beschließe, mir einige »Stille Tage« zu nehmen. Ich fahre zu einer kleinen Kommunität, bei der ich schon häufiger war. Das Gebäude ist runtergekommen, das Essen schmeckt nicht besonders und die umliegende Landschaft ist zu dieser Jahreszeit in ein schreckliches Graugrau getaucht. Attraktive Orte gibt es sicher woanders. Außerdem brauche ich eine halbe Ewigkeit mit dem Zug dorthin. Ich habe mich schon manchmal gefragt, warum ich gerade dort hingehe. Aber wahrscheinlich ist dieser äußere Ort nur das Mittel zum Zweck, um bei mir selbst anzukommen. Ich reise alleine, während der Zugfahrt rede ich nicht. Die Landschaft zieht vorbei und ich fülle ein paar Seiten im Tagebuch. Dort angekommen, ist auch das Programm nicht besonders attraktiv: alleine sein, Stille, Übungen. Das Highlight des Tages: Nebelspaziergang bei Nieselregen. Na ja, da habe ich schon Abenteuerlicheres erlebt. Ich stelle die matschigen Schuhe vor die Türe ab und schlüpfe aus den durchnässten Socken. Urlaub geht anders. Und doch ist es die schönste Reise, die ich kenne: hin zu mir selbst!

Ich staune darüber, wie Gott mir dort begegnet. In der Stille komme ich ganz zur Ruhe. Als ich ein paar Verse aus dem Epheserbrief lese, wird mir der liebevolle Blick Gottes wieder ganz neu bewusst. Und als ich durchgeschwitzt vom Joggen um die Kommunität zurückkomme, weiß ich: Gott ist in jedem Atemzug. Jetzt kommt es mir eigenartig vor, dass ich ihn immer außerhalb gesucht habe. Er wohnt ja in mir. Er ist Einwohner, Gärtner, Ortsansässiger in meinem Herz.

2. ENTDECKE DIE WEITE!

Vielleicht kommt dir die Reise zu deinem Herzen egoistisch oder egozentrisch vor. Es geht ja in diesem Leben nicht nur um dich. Als Christinnen und Christen sind wir dazu aufgerufen, hinaus in die Welt zu gehen. Auftraggeber ist der Heimatstifter Jesus. Wir sind aufgefordert, einen Unterschied zu machen. Flüchtlinge sollen in unseren Kirchen Heimat finden. Trauernde sollen bei uns getröstet werden. Menschen, die noch nie vom heimatlosen und heimatspendenden Gott gehört haben, sollen heimgeholt werden. Wir sollen hinausgehen in die Welt (zum Beispiel Matthäus 28,19). Ich lese nur wenig davon, dass wir nach innen – zu uns selbst – reisen sollen. Kreisen wir mit der Aufforderung, die Heimat in uns selbst zu suchen, nicht zu sehr um uns selbst? Geht es dabei nur um uns?

Ja, zunächst tut es das. Zunächst geht es um unsere Herzheimat. Denn nur, wer ganz bei sich zu Hause ist, kann auch anderen zur Heimat werden. Doch dann wird die Reise zu uns selbst uns unwillkürlich in die Weite führen. Nur wer die eigenen Grenzen kennt, weiß, wie angewiesen er ist – auf den, der die Grenzen ebenso gut kennt, aber sie gleichzeitig überwinden kann. Nur wer um seine eigene Herzenslandschaft weiß, kann auch anderen davon berichten. Nur wer sich selbst gefunden hat, kann anderen bei der Suche helfen. Nur wer eine Heimat hat, kann in die Ferne reisen.

> Nur wer sich selbst gefunden hat, kann anderen bei der Suche helfen. Nur wer eine Heimat hat, kann in die Ferne reisen.

Der weise Mann Paulus gab seinem jungen Freund Timotheus folgenden Rat in einem Brief: »Gib acht auf dich selbst … Wenn du das tust, wirst du sowohl dich selbst retten als auch die, die auf dich hören« (1. Timotheus 4,19; eig. Übersetzung). Diesem Rat folgen wir, wenn wir uns gut um die eigene Herzheimat kümmern. Die Klugen der Bibel haben es so formuliert: »Behüte dein Herz, … denn daraus quillt das Leben« (Sprüche 4,23). Wir tun gut daran, uns an diesen Rat zu halten.

Deshalb möchte ich mir selbst auf die Schliche kommen. Deshalb möchte ich nach verborgenen Tälern meiner Herzenslandschaft Ausschau halten. Deshalb wandere ich an den Grenzen des neuen Landes entlang. Ich möchte die Früchte genießen und mich wie meine Herzensbäume dem Himmel entgegenstrecken. Und: Ich will ehrlich bleiben. Realistisch und in gutem Maß die eigene Herzenslandschaft bemessen und bedenken. Ich bitte deshalb den Einwohner meines Herzens mich gut und treu zu begleiten. Ich reise zwar für mich selbst, bin aber nicht auf mich selbst gestellt.

3. NIMM DAS LAND IN BESITZ!

Je länger ich darüber nachdenke, desto größer wird die Sehnsucht, die Herzheimat nicht nur kennenzulernen und zu durchstreifen, sondern auch zu bewohnen. Dort mit dem Einwohner Gott zusammen zu sein. Ich sehne mich nach der verlorenen Heimat. Ich sehne mich danach, nach Hause zu kommen. Anzukommen. Ich möchte kein Herzensflüchtling mehr sein. Der Heimatstifter, der schon dem heimatlosen Volk der Israeliten das große Versprechen gegeben hat, wird und will mit mir sein. Josua sagt er zu:»Sei mutig und entschlossen! Ich, der Herr, dein Gott, bin bei dir, wohin du auch gehst« (Josua 1,9; eig. Übersetzung). Danach fasst dieser den Mut, die Herzensflüchtlinge in das neue Land zu führen. Daran halte ich mich fest. Auch ich will losgehen und Heimat finden! Im eigenen Herzen!

Als Erstes mussten die Israeliten den Fluss Jordan überqueren (Josua 3,15). Sie bekamen also zunächst nasse Füße. Ganz ähnlich wird es auch in meinem Leben Kämpfe geben und es wird mit Anstrengung verbunden sein, das Land einzunehmen. Aber lieber möchte ich nasse Füße bekommen, Flüsse überqueren und Gefahren ins Auge sehen, als weiter als Herzensflüchtling zu leben. Ich halte mich an der Verheißung fest, dass mir ein Land versprochen ist und dass da einer auf mich wartet. Der Einwohner selbst.»Denn mit allem, was er tat, wollte er mich dazu bringen, nach ihm zu fragen; er wollte, dass ich mit ihm in Kontakt komme und ihn finde. Er ist ja für niemanden von uns in unerreichbarer Ferne. Denn in ihm, dessen Gegenwart alles durchdringt, leben wir, bestehen wir und sind wir« (Apostelgeschichte 17,27-28; eig. Übersetzung).

Ich sehne mich danach, den besser kennenzulernen, der in der Herzheimat wohnt. Und dann möchte ich bei ihm zu Hause sein. Ich möchte wissen, wo er herkommt, damit wahr wird, was ich glaube: Ich bin kein Gast, keine Fremde mehr, sondern Mitbewohnerin, Mitbürgerin und Gottes Hausgenossin (Epheser 2,19). Es ist ein Geheimnis, das erst auf der Reise entdeckt und erkannt wird. Vielleicht ähnlich wie bei einem Reiseführer. Man liest über das Urlaubsziel und weiß alles darüber. Aber es ist etwas anderes, selbst dort zu sein. Wenn ich erst einmal bei mir zu Hause bin, lande ich ganz selbstverständlich in der Heimat des einwohnenden Gottes. Wie er in mir zu Hause ist, so werde ich bei ihm zu Hause sein. So wie er in mir Heimat gefunden hat, so werde ich bei ihm Heimat finden. Es wird die Zeit kommen und sie beginnt schon jetzt, dass ich ganz bei ihm bin.

4. PACKE VORRÄTE EIN!

Bevor das Volk Israel losgeht, erinnert Josua die Flüchtlinge daran, Vorräte mitzunehmen. Sie sollen die Heimreise nicht ohne Ausrüstung antreten (Josua 1,11). Sie werden noch viele Abenteuer erleben. Darauf bereitet sie ihr Anführer vor.

Deshalb nehme auch ich Gepäck mit: Zeit, Geduld und die Bereitschaft, Fragen zu stellen. Ich möchte querdenken und umdenken. Ich möchte mich einlassen auf die neue Heimat und den Tatsachen ins Auge sehen: Gott selbst verspricht, mit mir zu sein. So ausgerüstet geht es los.

Das Buch hier möchte diesen Weg begleiten und dir den Proviant vorstellen, den du brauchen wirst, um ganz in der neuen Heimat anzukommen. Es sind nur kleine Hinweise, aber sie helfen zu erforschen und zu erkunden. Ich befinde mich selbst auf der Reise. Es könnten Kompass, Wanderstock, Verpflegung und Tipps sein, wie du ankommst und damit du ankommst. Prüfe sie und packe ein, was immer du auf deiner Heimatsuche benötigst. Vieles davon speist sich aus eigenen Erfahrungen oder aus Erfahrungen anderer. Die Bibel spielt dabei die entscheidendste Rolle. Der Einwohner selbst wird dich führen. Betreibe Heimatkunde. Die nächsten Kapitel helfen dir ganz praktisch dabei, dein Herz kennenzulernen und darin zu Hause zu sein.

HEIMATHAFEN

- Nimm dir Zeit! Ich mache dir Mut: Fertige eine Landkarte deines Herzens an! Was hindert dich? Wann wäre ein guter Zeitpunkt für die Anfertigung einer Landkarte? Was könnte dich motivieren?
- Auf der nächsten Doppelseite ist eine Landkarte abgedruckt. Sie ist ein Beispiel dafür, wie so eine Herzenslandschaft aussehen könnte.

Teil 2

HEIMATKUNDE

In dem Land, in das ihr jetzt kommt, gibt es
Berge und Täler. Der Herr, euer Gott, kümmert sich
selbst um das Gedeihen und blickt das ganze Jahr über,
vom Anfang bis zum Ende, freundlich auf das Land.

5. Mose 11,11-12; GNB

KAPITEL 4

Herzrhythmusstörung – Zu Hause im Alltag

Wochenlang hatte ich trainiert. Ich bin nicht die beste Schwimmerin, aber ich wollte gerne einmal einen Triathlon machen. Also schwamm ich. Und verbesserte mich in Stil, Atmung und Schwimmkoordination. »Alles, was du beim Schwimmen brauchst, ist Rhythmus!«, sagten mir erfahrene Triathleten. »Es kommt nicht auf die Geschwindigkeit an und auch nicht auf die Länge der Strecke. Solange du im Rhythmus bleibst, kommst du voran. Die Geschwindigkeit kommt von alleine.«

Ich dachte, ich hätte das verstanden. Aber ich habe es vermasselt. Mein Einstieg in meine nicht sehr glorreiche Triathlon-Karriere lief völlig unrhythmisch. Der Startschuss ertönte und ich wollte unbedingt zu den Ersten gehören. Ich spurtete los, stürzte mich ins braune Wasser (sehr erfrischend war diese Runde im See nicht) und schwamm mich recht schnell in die vorderen Reihen. Dachte ich zumindest. Zwischen meinen Kraulbewegungen ging mein Blick immer wieder nach vorne. Innerlich jubelte ich: »Vor dir ist niemand. Du bist die Erste.« Stolz ruderte ich weiter wild mit den Armen und japste nach Luft.

Bis sie mir ausging. Mir blieb im wahrsten Sinne des Wortes einfach die Luft weg. Ich tauchte auf und musste ein paar Brustschwimmzüge machen. Immer noch niemand vor mir. Außer die ganze Masse, die sich weit links von mir im Schwarm bewegte ... Es waren meine Konkurrenten. Ich hatte über meinen wilden, unkoordinierten und unrhythmischen Kraulbewegungen, die ich nicht an meinen Atem angepasst hatte, die Richtung und die Kraft verloren. Mein Herz pochte, mein Atem war nur noch ein Hecheln. Demütig folgte ich dann mit mehr oder weniger kräftigen Brustschwimmbewegungen dem großen Feld. Ich war so froh, als ich – aus dem Wasser taumelnd – das Fahrrad endlich in Empfang nehmen konnte. Hätte ich nur auf den Rat der Triathleten gehört: lieber langsam, dem eigenen Rhythmus folgend und koordiniert schwimmen als zu früh seine Kraft verlieren!

Ganz ähnlich ging es mir damals, als ich meine innere Heimat verloren hatte: Ich hatte meinen inneren Rhythmus vergessen, die Richtung nicht mehr im Blick. Mir war die Luft ausgegangen. Und die Kraft. Ich war zu selten in meiner inneren Heimat zu Besuch gewesen. Hörte meinen eigenen Herzschlag nicht mehr.

Wer dauernd gegen seinen Rhythmus arbeitet, leidet irgendwann an Herzrhythmusstörungen. Richtung, Atmung, Kraft bleiben auf der Strecke. An diesem Punkt beginne ich deshalb mit der Heimatkunde. Wer an einem Ort zu Hause ist, kennt dessen Rhythmus: Ampelphasen, Schulhofpausen, Öffnungszeiten. Könnte es nicht genauso mit unserem Herzen sein? Nur wenn der Rhythmus stimmt, kommt man nach vorne. Nur wer auf sich hört und in seinem Takt bleibt, kann weiterkommen.

Nur wenn ich meinen ureigenen Rhythmus kenne, bringt mich das zu mir selbst und damit hin zu Gott.

Wie finde ich Rhythmus? Wie erkenne ich meinen eigenen Herzschlag? Wie kann ich im Herzrhythmus meiner inneren Heimat leben? Es klingt so einfach. Es klingt sogar banal. Doch nur wenn ich meinen ureigenen Rhythmus kenne, bringt mich das zu mir selbst und damit hin zu Gott.

Man sagt: »Er hat Rhythmus im Blut!« Aber haben wir das nicht alle – Rhythmus im Blut? Es ist das Erste, was sich bei einem Menschen ausbildet. Die Ansammlung an Zellen, die sich in der Gebärmutter einnistet, folgt nach ungefähr drei Wochen einem Herzrhythmus. Das Herz beginnt zu schlagen. Leben entsteht. Aus dem Zellklumpen wird ein Mensch. Dieser Rhythmus wird diesen Menschen sein ganzes Leben begleiten. Auch das Erste, was das Baby im Mutterleib hört, ist Rhythmus. Bevor es sehen, schmecken, riechen, wahrnehmen oder fühlen kann, hört der Mensch das rhythmische Schlagen des Herzens der Mutter. Könnte das nicht ein Hinweis sein? Ein Zeichen, das unser ganzes Leben bestimmt, bis unser Herz aufhört zu schlagen? Ist nicht Heimat untrennbar mit diesem lebensspendenden Pochen verbunden?

Wir atmen ein. Wir atmen aus. Unser Herz kennt nur zwei Wege: frisches Blut, das in der Lunge mit Sauerstoff angereichert wurde, in den Körper pumpen. Und: verbrauchtes Blut über die Lunge zurückfließen lassen. So werden alle Organe des Körpers versorgt. Er arbeitet nach einem »Geben und Nehmen«-Konzept. Je nach Befindlichkeit schlägt das Herz mal schneller und mal langsamer. Der kleine Sinusknoten, eine Art »Elektroschock« im Herz, löst den Schlag, den Rhythmus, aus. Ist das nicht ein abgefahrenes Prinzip? Aber es ist auch einfach. Und es hat einen extrem großen Einfluss.

Wer mit Herzrhythmusstörungen, einem Herzfehler oder eben mit einer sportlichen Überforderung zu tun hat, der weiß, wie angewiesen wir auf das wirkungsvolle Konzept des Herzens sind. Warum fällt es mir und vielleicht auch dir dann so schwer, dieses simple und wirkungsvolle Prinzip auf unser ganzes Leben anzuwenden? Wo Kraft hineinfließt, muss auch Nachschub kommen. Wo Energie in eine Sache gesteckt wird, da muss der Energiehaushalt wieder aufgefüllt werden. So wie wir uns verausgaben, so brauchen wir auch immer wieder Ruhezeiten. Wenn wir uns investieren, müssen wir uns auch wieder neu füllen lassen. Klar: Es gibt Zeiten, in denen wenig zurückfließt. Dann ist der Rhythmus des Lebens superschnell. Für eine überschaubare Dauer ist das okay. Aber dann braucht es auch Zeiten, in denen das Herz zur Ruhe kommt und in einem gemächlichen, angepassten Tempo schlägt.

Um Heimat zu finden, sollten wir auf diesen inneren Rhythmus hören, uns ihm hingeben und nach ihm leben. Alles andere führt zu Herzrhythmusstörungen. Oder einem völligen Kraftverlust. Oder einer falschen Richtung. Deshalb habe ich als Herzensflüchtling ein paar »Strategien« entwickelt, um meinen Rhythmus nicht mehr zu verlieren. Die Ideen und Übungen, die ich hier beschreibe, sind aus der Not heraus entstanden. Sie helfen mir, dass ich nicht mehr unter Herzrhythmusstörungen leiden muss. Mag sein, du brauchst andere Strategien. Ich mache dir in jedem Fall Mut, deinem ureigenen Rhythmus zu folgen.

ALLTAGSRHYTHMUS

Vielleicht beginnt der Rhythmus des Lebens schon heute, an diesem Tag? Wir können ihm folgen, indem wir auf ihn hören und ihn achten. Möglicherweise ist sogar jeder Tag ein Hinweis auf das große Ganze? Denn so wie jeder Morgen entscheidend ist, so ist es auch unser Start ins Leben. Am Mittag, in der Mitte des Lebens, geht es manchmal langsamer zu und wir schöpfen noch einmal neue Kraft und richten uns neu aus. Am Abend – auch des Lebens – ist das Genießen und Entspannen, das Zur-Ruhe-Kommen, dran. Manchmal geht uns die Kraft aus. Vieles lief anders, als wir uns das vorgestellt haben. Dinge sind komplexer, als sie am Morgen noch aussahen. Das gilt es anzunehmen und damit seinen Frieden zu schließen. Vielleicht ist es deshalb so wichtig, sich jeden Tag neu auf die Suche zu begeben und zu wissen (manchmal vielleicht nur zu ahnen), dass wir zu Hause sein können. Dass wir ganz angenommen sind. Und dass wir geliebt sind.

AM MORGEN

Könnte es nicht sein, dass schon der Morgen ein erstes Einatmen, Hinhören und Wahrnehmen ist? Bevor wir mit allem anderen starten, gilt es, den eigenen Rhythmus wahrzunehmen, ihm zu folgen und dann die Richtung zu bestimmen. Alles andere führt uns von uns selbst weg. Vielleicht kommen wir so – über viele Tage hinweg – an unserem Ziel an? Könnte es sogar sein, dass jedem Aufbruch in den Tag auch ein innerer Aufbruch folgt? Die großen Heiligen und die kleinen Gottsucher behaupten, dass im Morgen eine Verheißung der Gottesnähe und der Ausrichtung liegt.[4] Sie sagen, dass wir als Christusmenschen genau dazu aufgerufen sind: aufzuwachen, nüchtern zu sein und aufzubrechen (Psalm 57,9; Epheser 5,14 u.a.). Wenn das mit dem Aufstehen nur viel einfacher wäre! Und wenn es selbstverständlicher wäre, dass ich morgens Zeit hätte, um mich auszurichten!

Ich versuche mich auf ein realistisches Maß zu beschränken und erlebe den frühen Morgen so:

Ich stehe auf. Hermann Hesse stellte fest: »Jedem Anfang wohnt ein Zauber inne.« Dem Morgen kann ich allerdings manchmal nur wenig Zauber abgewinnen. Entweder steht ein Wecker mit zwei Augen und einem Mund (eines meiner Kinder) an meinem Bett und fordert mich auf, endlich aufzustehen, oder der andere Wecker mit dem sonderbaren Ton und der Batterie schrillt grell und holt mich aus meinen Träumen.

Ich darf von einer Realität ausgehen, die so sicher wie der Grund ist, der mich trägt: Gott ist heute da.

Bibellese und lange Gebetseinheiten kommen da manchmal zu kurz. Aber trotzdem: Ich möchte den Tag beginnen. Ein kleines Ritual hilft mir dabei.

Wenn ich die Füße das erste Mal auf den Boden setze, freue ich mich über ihn. Er trägt. Immer noch. Mich. Heute. Ich darf von einer Realität ausgehen, die so sicher wie der Grund ist, der mich trägt: Gott ist heute da.

Die Glaubenslehrer sagen: Alles, was wir suchen, war schon immer da. Unten am Boden. Ich muss nichts dazu tun, ich werde getragen.[5]

Und dann strecke ich dem Himmel meine Hände und Arme entgegen und flüstere (manchmal nur in Gedanken):

Herr, komm in mir wohnen,
lass mein Geist auf Erden
dir ein Heiligtum noch werden;
komm, du nahes Wesen,
dich in mir verkläre,
dass ich dich stets lieb und ehre.
Wo ich geh,
sitz und steh,
lass mich dich erblicken
und vor dir mich bücken.[6]

Und dann: bücke ich mich tatsächlich. Ich verneige mich vor diesem Tag. Vor Gott. Vor der großen Realität, dass auch heute nicht alles von mir abhängt.

Der Vers ist die Einladung: Sei heute in mir, Christus! Lebe in meinem Herzen! Finde deine Heimat in mir! Nur so kann ich auch Heimat in mir finden. Und in ihm.

Und weil ich die Worte nicht jeden Morgen neu erfinden mag und kann (mit drei kleinen Kindern weiß ich, was Müdigkeit bedeutet!), hilft mir eben Gerhard Tersteegen mit seinen Worten. So beginne ich jeden Tag. Abhängig davon, wie viel Zeit ich habe und wie wach die Kinder sind, gestalte ich mein Morgenritual ausgedehnter oder kürzer.

Wenn es gelingt, gehe ich an meinen Gebetsplatz. Ich habe mir eine kleine Ecke eingerichtet. Es geht mir vor allem darum, mir bewusst zu machen, dass ich diesen Augenblick und diesen Tag unter den »Augen Gottes« verbringe. Er schaut mir liebevoll zu und mich liebend an. Eine kleine Christus-Ikone steht an meinem Gebetsplatz. Es geht nicht um Worte, sondern um diesen Blick. Den genieße ich. Unter diesem Blick möchte ich den Tag verbringen. Dazu reichen fünf Minuten. Oft sitze ich aber länger da und verweile. Früh am

Morgen soll die Liebe stehen. Ich weiß: Es wird meinen Tag verändern, wenn ich mir morgens bewusst gemacht habe, wie geliebt ich bin. Das ist immer der erste Schritt ins Heimatland. Außerdem habe ich mir Verse aus dem Epheserbrief zu meinem Gebet gemacht: »Es ist mein Gebet, dass du, Christus, in meinem Herzen wohnst und dass mein Leben in deiner Liebe verwurzelt und auf das Fundament der Liebe gegründet ist« (nach Epheser 3,17).

Wenn ich verwurzelt und gegründet in dieser Liebe bin, steht ein gutes Vorzeichen über diesem Tag und meinem Leben. Morgens möchte ich mir das bewusst machen. Alles andere ist nachrangig.

Wenn ich länger Zeit habe, lese ich ein Stück aus der Bibel, bete, bitte Gott um liebe Menschen, mit denen ich unterwegs bin, orientiere mich. Ich habe dafür einen Ablaufplan entwickelt, der mir hilft, wenn ich schlaftrunken in dieser Ecke knie oder sitze. Ein kleines Buch, ein Stift und die Bibel reichen als Material.

Ich beginne mit dem Offensichtlichen: der Nacht, die mir oft noch in den Gliedern sitzt. Was habe ich geträumt? Was war der erste Gedanke nach dem Aufwachen? Kam heute Nacht eines der Kinder mit einem schlechten Traum?

Und dann geht es weiter mit dem Anstehenden: Was bringt der Tag? Welche Begegnungen liegen obenauf? Welche Tagesziele habe ich? Das bringe ich vor Jesus.

Dann lese ich einen kleinen Abschnitt aus der Bibel. Ich unterstreiche, was mir wichtig wird. Das schließe ich in mein Herz. Dafür danke ich.

Und dann bete ich für andere. Eine Karteikarte dient mir als Erinnerung. Sie ist mit Gebetsanliegen beschrieben, die immer wiederkehren. Einzelne Bitten, die dazukommen, notiere ich in einer Art Kalender, ähnlich einem Tagebuch.

Es ist schon sonderbar: An Tagen, an denen mir mein Morgenritual gelingt, bin ich konzentrierter, organisierter und ein ganz kleines Stückchen (aber wirklich nur dieses kleine Stückchen) geduldiger. Manchmal wache ich vor meinem Wecker auf (dem mit Augen oder dem mit Batterie) und dann flüstere ich mir zu: »Wie willst du diesen Tag verbringen? Er soll außergewöhnlich gut werden.«

Anschließend stehe ich auf. Boden fühlen. Tersteegen beten. Die Liebe genießen. Meine Bibel. Reden mit Gott.

Nein. Nicht jeder Tag wird deshalb gut. Aber der Anfang dafür ist gemacht. Das Wissen sackt tiefer: Ich bin geliebt! Wenn es mir nicht gelingt? Na dann: eben am nächsten Tag. Nur aufhören mag ich nicht mit diesen Anfängen. Denn sie führen mich – Tag für Tag – zurück in die Heimat.

AUF DER HÖHE

Am Mittag denke ich nicht so viel an meine Herzheimat. Gott ist in der Hitze der Arbeit, des Alltags, des Hin und Hers da, aber mir nicht direkt vor Augen. Mir hilft ein kurzes Gebet. Vor dem Mittagessen danke ich. Für die Nahrung, die Versorgung, den Platz zum Sein. Oft genug ist das ein Chaos. Die Kinder motzen über das Essen. Bin ich bei der Arbeit, laufe ich in die Stadt, um mir etwas beim Bäcker zu holen. Wenn ich unterwegs bin oder mit anderen zu Mittag esse, dann fällt es mir noch schwerer. Und doch: eine kurze Minute. Ein Dankgebet. Ein Aufblicken und ein Zurückschauen auf das, was am Morgen schon war.

Wenn du die Möglichkeit hast, dann empfehle ich dir einen Mittagsschlaf! Mitten am Tag schlafen? Es gibt ja noch so viel zu tun … Aber die Tage, an denen du die Möglichkeit hast, werden anders verlaufen. Rhythmischer. Gelassener. Und am Ende: effektiver. Es ist die Erinnerung:»Es liegt nicht an mir! Die Welt wird sich weiterdrehen. Gott ist da und hält alles in der Hand.« Der Mittagsschlaf ist ein Festhalten an dieser geistlichen Wahrheit! Und damit eine fromme Übung.

ZEIT ZUM GENIESSEN

Es wird Abend. Im haupt- und ehrenamtlichen Dienst, spätestens seit ich Kinder habe, ist der Abend eine wichtige Arbeitszeit. Ruhe kehrt ein. Ich kann mich konzentrieren. Sitzungen finden statt. Ich kann Treffen mit ehrenamtlichen Mitarbeitenden ausmachen, die tagsüber im Büro sind. Wenn ich ungestört denken möchte, dann tue ich das am Abend. Schriftliche Ausarbeitungen kann ich jetzt am besten erledigen.

Aber vielleicht ist es ja auch ganz anders gedacht? Vielleicht ist es wie mit dem Abend des Lebens – nun braucht nichts Neues mehr begonnen werden. Jetzt könnten wir von den Früchten leben. Den Tag zu Ende bringen. Zur Ruhe kommen. Ich finde diesen Gedanken verlockend: genießen. Der Abend wird mit Musik, einem Glas Wein, einem guten Buch oder einem Film, einem guten Vortrag oder einer Badewanne beendet. Und dann: pünktlich ins Bett, um Kraft zu haben für den nächsten Tag.

Warum fällt mir das so schwer? Vielleicht, weil die Zeit stets möglichst effektiv genutzt werden möchte. Dennoch: Könnte das nicht dem Rhythmus des Herzens entsprechen? Noch einmal zu Hause bei sich anzukommen? Manche Großen der Kirchengeschichte reden davon, dass es das »höchste Gut« ist, Gott zu genießen.[7] Könnte nicht auch das der Sinn des Abends sein? Zu genießen? Rechtzeitig zu schlafen und sich über den Tag zu freuen?

Und: Vielleicht beginnt schon mit dem Abend der neue Tag? Vielleicht entscheidet der Abend ein Stück weit, wie der nächste Tag verlaufen wird?

Deshalb nehme ich mir vor, trotz Arbeitslast, trotz schlafender Kinder, trotz einer To-do-Liste an nur zwei Abenden in der Woche zu arbeiten. Den Rest möchte ich mir zum Ausruhen (das kann auch Sport bedeuten), zum Genießen, für Beziehungen frei halten. Vielleicht ist das eine ganz clevere Methode, um auch am Abend des Lebens anzukommen. Aber darüber kann ich noch nichts sagen …

Könnte nicht auch das der Sinn des Abends sein? Zu genießen? Rechtzeitig zu schlafen und sich über den Tag zu freuen?

AM ENDE

Wenn es Nacht wird und ich im Bett liege, dann ist da ein tiefes Ausatmen. Selbstverständlich halte ich nicht die ganze Nacht die Luft an. Aber das bewusste und tatsächliche Ausatmen hilft mir, den Tag zu beenden. Ich möchte wirklich alles Verbrauchte aus meinen Lebenslungen hinauspumpen, um frisch an den neuen Tag heranzugehen.

Gar nicht so einfach! Kennst du diese unruhigen Nächte, in denen du dich hin und her wälzt? In denen die Gedanken nicht zur Ruhe kommen und von »Erfrischung« lange nichts zu spüren ist? Ich kenne sie, leider zu gut. Und genau deshalb möchte ich im Rhythmus leben. Abends den Tag mit einem bewussten »Ausatmen« beschließen und ihn am Morgen mit dem »Einatmen« beginnen. Auf lange Zeit hin verändert das die Nächte. Am späten Abend werden deshalb keine großen Gedanken mehr aufgebrochen, keine Probleme gewälzt und mit dem Ehemann besprochen. Es zählt das Loslassen.

Nur eine »Übung« gönne ich mir am Abend. Es ist nichts Großartiges, sondern etwas Machbares, etwas Erfreuliches. Ich strecke meine beiden Hände aus, oft schon liege ich dabei im Bett. Ich werde doch zehn Gründe an meinen zehn Fingern abzählen können, wofür ich heute dankbar bin! Zehnmal Grund zum Danken. Zehnmal freuen. Zehnmal spüren, dass es nicht so schlecht um uns steht.

Es gibt Tage, da schießen mir die Gründe durch den Kopf und ich könnte an noch zwanzig weiteren Fingern abzählen, warum und wofür ich dankbar bin. Es gibt aber auch die Tage, da stelle ich im Halbschlaf fest, dass ich erst meinen dritten Finger ausgestreckt habe. Und ich komme auf nicht mehr. Dennoch will ich daran festhalten: Zehn Gründe gibt es an jedem Tag! Das bringe ich vor Gott, sage Danke und schlafe ein. Für mich ist das eine machbare, praktische Übung, tatsächlich »Gott zu genießen«.

In Wüstenzeiten, in denen ich keine Gründe zum Danken finde und mir die Worte für ein Gebet fehlen, helfen mir andere. Martin Luther mit seinem Abendsegen. Dietrich Bonhoeffer mit seinem Abendgebet. Oder andere mit ihren Liturgien und Gebeten.[8] Fremde Worte werden dann zu meinen eigenen, und wo ich nicht zur Ruhe komme, helfen mir andere dabei, die schon lange vor mir damit gekämpft haben. In diese Worte lege ich mich hinein. Darin finde ich Geborgenheit.

Die Woche ist im Rhythmus erschaffen. Sechs Tage sollen wir arbeiten (2. Mose 20,9), am siebten ruhen – so wie Gott. Um einzuatmen, Kraft zu schöpfen, uns auszurichten. Gott hat uns diesen Rhythmus ins Leben und ins Herz gepflanzt. Der siebte Tag wird im Hebräischen *šabbat* genannt. Das Wort kann mit »aufhören«, »nachlassen«, »beenden« oder »von etwas ruhen« übersetzt werden. Ganz wörtlich bedeutet Sabbat »aufhören lassen«.

Im Alten Testament finden sich sehr viele Hinweise, Regeln und Bestimmungen für den besonderen Ruhetag. Der Sabbat soll gehalten werden, »damit dein Rind und dein Esel ausruhen und der Sohn deiner Sklavin und der Fremde zu Atem kommen« (2. Mose 34,21). Es geht sogar so weit, dass jedes siebte Jahr ein sogenanntes Sabbatjahr ist. Die Felder sollen dann brachliegen. Verschuldeten Bauern sollen Schulden erlassen werden und Arme und Tiere die gewachsenen Feldfrüchte pflücken dürfen. Der Wechsel von Arbeit und Ruhe ist göttlich und lebenserhaltend.

Der Wechsel von Arbeit und Ruhe ist göttlich und lebenserhaltend.

Und ich? Wie oft verteile ich die Arbeit auf sieben Tage. Oder ich arbeite an den sechs Tagen nicht genug, sodass ich am siebten Tag arbeiten muss.

Die größte Übung, die es für uns gibt, ist diese: es genug sein lassen. Sich nicht weitertreiben. Gnade in Anspruch nehmen. Das bedeutet zu ruhen. Es ist das Sabbatgebot unserer Zeit! Und dies gilt nicht erst, wenn ich schon völlig erschöpft bin und dringend eine Pause benötige. Ruhe ist als System wichtig. Sie ist von Beginn an einzuüben, zu planen und als Konzept zu pflegen. Wenn doch Gott am siebten Tag geruht hat, warum denken wir, dass wir besser wären, wenn wir immer weiterarbeiten?

Außerdem ist es eine große Vertrauensübung Gott gegenüber, wenn wir daran festhalten, dass er die Dinge in der Hand hält, unabhängig von unserem Schaffen und Wirken. Es ist die Gelassenheit des Sabbats direkt nach Erschaffung des Menschen, die das Wissen in sich trägt, dass ein anderer die Geschicke in der Welt lenkt. Ruhe, das Nichtstun bzw. ein anderes Tun, das sich eindeutig vom Alltag unterscheidet, ist göttlich. Diesem Prinzip der Sabbatruhe zu misstrauen, wird zu Problemen führen. Zum Beispiel werden wir unsere Heimat verlieren. Vertrauen wir uns ihm aber an, wird uns das in die Weite und die eigene Herzheimat führen. Es geht also um beides: Ein Tag der Woche soll und darf »brachliegen«, ist für die Ruhe vorherbestimmt. Darüber hinaus sollen wir lernen, es genug sein zu lassen.

Wenn es um den Ruhetag geht, fällt es mir schwer, einfach nur auf dem Sofa zu liegen. Für mich bedeutet es zu ruhen, wenn ich joggen gehe oder ein gutes Buch lese. Andere brauchen einen Mittagsschlaf oder Ähnliches. Der Sabbat lebt von den Lebensgeistern, die Gott uns schenken möchte, und von der Unterbrechung. Es ist Glauben, sich auszuruhen! »Denn wer an Gottes Ruhe Anteil bekommt, darf von all seiner Arbeit ausruhen, genauso wie Gott ruhte, als er alles erschaffen hatte« (Hebräer 4,10; NGÜ).

Die ersten Worte von Jesus im Matthäusevangelium lauten: »Lass es jetzt geschehen« (Matthäus 3,15; NGÜ). Er sagt sie dem eifrigen und rührigen Johannes, der abwehrt, als Jesus ihn bittet, ihn zu taufen. Diese Worte möchte ich mir zu Herzen nehmen. Ich möchte es an mir geschehen lassen.

Manchmal wird das Sabbatgebot auch missbraucht. Oft genug höre ich die faule Ausrede: »Ich will nicht im Burn-out enden. Deshalb werde ich mich nicht überarbeiten, keine Überstunden machen.« Manchmal habe ich den Eindruck, dass viele Menschen so große Angst vor einem medizinischen Burn-out haben, dass sie gar nicht erst anfangen zu brennen. Wir dürfen Leidenschaft entwickeln, powern, uns hineingeben, fleißig sein. Das göttliche Prinzip des »Es genug sein lassen« wird missverstanden, wenn man über jede einzelne Minute, die man zu viel in der Arbeit verbringt, sauer wird. Es geht um einen ausgeglichenen Lebensstil und nicht um das kleinliche Zählen von Überstunden bzw. »Überminuten«! Es geht um eine fleißige und gute Arbeit an sechs Tagen in der Woche. Und es geht um Ruhe, um den Sabbat, um Einatmen, um Luftholen. Es ist göttlich und klug, sich an diesen Rhythmus zu halten.

Wie kann man diese Sabbatruhe einüben?

Ich übe sie zum Beispiel ein, indem ich mir den nötigen Schlaf gönne. Im Ruhen zeigt sich Gottvertrauen. In der Bibel wird das so beschrieben: Obwohl einer ein großes Problem hat, fängt er nicht an, Pläne zu schmieden oder eifrig Vorkehrungen zu treffen oder To-do-Listen abzuarbeiten. Er sagt:»In Frieden kann ich mich nun hinlegen und schlafen. Denn du, Herr, gibst mir einen Ort, an dem ich unbehelligt und sicher wohnen kann« (Psalm 4,9; NGÜ).

So übe ich Ruhe ein. Diese Ruhe, die ich meinem Leib gönne, legt sich auf meine Seele. Wenn doch Gott in mir lebt, dann wirkt er auch in mir, wenn ich nichts tue. Friede kehrt ein. Es geht darum, sich nicht vorwärtszupeitschen. Sich nicht anzutreiben mit all dem, was noch zu tun wäre. Es gut sein zu lassen. Den Sabbat zu heiligen. Und ja, das bedeutet in aller Konsequenz: die Arbeit ruhen zu lassen, weil sich ein anderer darum kümmert und es nun mal nicht an mir hängt. Oft fällt genau das schwer. Aber üben möchte ich weiterhin.

Im haupt- und ehrenamtlichen Dienst in einer Gemeinde, im Schichtdienst oder an bestimmten Arbeitsstellen ist es manchmal schwierig, diese Arbeitsruhe am Sonntag einzuhalten. Aber warum nicht einen anderen Tag der Woche auswählen? Denn dieser Rhythmus, dieser Herzschlag des Lebens, führt uns mit ganzen Schritten in unsere innere Heimat.

DAS RHYTHMUSJAHR

Wer in Mitteleuropa lebt, hat den Luxus, den Rhythmus der vier Jahreszeiten miterleben zu können. Wer den Frühling bewusst wahrnimmt, in dem wird es Frühling. Wer sich an den Früchten des Sommers erfreut, der kann sich mitfreuen an den Früchten seiner Arbeit. Wer wahrnimmt, wie das Leben im Herbst abnimmt und es dunkler wird, der kann sich leichter damit abfinden, dass es auf ein Ende zugeht. Und wer im Winter die kahlen Äste, das Dunkel und Grau beobachtet und damit lebt, der nährt die Sehnsucht nach Hoffnung in sich. Erst nach einer Zeit der Leere, der Brachzeit, kann und darf Neues wachsen. Den Jahresverlauf in unser Leben zu integrieren, macht uns gelassen und erwartungsvoll.

Wir haben das Glück, dass unser Naturjahr mit den christlichen Festen und Traditionen verbunden ist. Was für ein Privileg, das in unseren Breitengraden so erleben zu können! Wenn es bei uns Frühling wird, erwarten wir die Auferstehung. So kann das Frühjahr eine Zeit des Aufbruchs sein. Es lohnt sich zum Beispiel, ein herausforderndes Buch zu lesen, eine inspirierende Konferenz zu besuchen oder ein neues Arbeitsgebiet anzugehen.

Wer sich an den Früchten des Sommers erfreut, der kann sich mitfreuen an den Früchten seiner Arbeit.

Im Sommer hat man oft mehr Kraft. Diese Energie gilt es zu nutzen, um ein Vorhaben zu Ende zu bringen oder entschlossen weiter voranzutreiben. Im Herbst, wenn die Natur Farbe und Blätter verliert, denken wir an unsere verstorbenen Geschwister, Eltern und Freunde. Dass der sogenannte »Ewigkeitssonntag« in der dunklen Jahreszeit liegt, macht Sinn. Es darf sein, dass ich mich verkrieche und die Trauer um einen lieben Menschen oder auch verpasste Gelegenheiten und Versäumnisse hochkommt. Im Winter kann ich mir die Erlaubnis erteilen, Arbeit auch mal »brach-« liegen zu lassen und nicht vorwärtszutreiben. Das kann bedeuten, abzuwarten, wie sich die Dinge entwickeln, anstatt sie anzustoßen. Weihnachten erinnert uns ja daran, dass Gott kommt – ohne unser Zutun. So können die Jahreszeiten helfen, unseren inneren Lebensrhythmus zu unterstützen.

Es ist wie bei einem Triathlon: Nur durch den richtigen Atemrhythmus und das Training komme ich am Ziel an. Wenn es gut läuft, habe ich am Ende noch die nötigen Reserven, um einen Sprint einzulegen.

Mit solchen gleichmäßigen Schritten, die mich ans Ziel bringen, möchte ich auch die Herzheimat kennenlernen und dort ankommen, wo mich der Einwohner erwartet. Ich höre daher meinem Rhythmus zu, folge ihm und lebe nach ihm. Vielleicht haben das Eva und Adam ebenfalls so gemacht, als sie am Abend durch den Garten mit Gott spazieren gingen. Auch in meinem Herzensland möchte ich diese Streifzüge unternehmen und dabei Gott, dem Einwohner, begegnen. Regelmäßig. Gewohnheitsmäßig. Und dem Heimatrhythmus folgend. Es sind die ersten Schritte zurück in mein Innerstes. Und zurück in meine Herzheimat.

HEIMATHAFEN

- Ist dein Lebensrhythmus von der Liebe bestimmt?
- Was möchtest du ab heute konkret umsetzen, um deinem Rhythmus zu folgen?

KAPITEL 5

Beileibe! Das bin ich! – Zu Hause im Körper

Ich bin weiter auf der Suche nach Heimat. Aber ich möchte das Ganze nicht nur »geistlich« betrachten. Ich wende mich deshalb dem Sichtbaren, dem Äußeren, zu: Wenn da ein Land in mir ist, was bedeutet das für meinen Körper? Ist er bloße »Hülle«, oder sogar »Grenze« für dieses Land? Welche Rolle spielt mein Äußeres auf der Reise zur Heimat? Ist mein »Fleisch und Blut« nicht Heimat an sich? Ist nicht mein Körper selbst Wohnung Gottes? Und ein Zuhause für mich? Und wenn ja: Macht es einen Unterschied an und in meinem Körper, wie ich glaube? Ich lese in der Bibel, dass wir der Tempel, die Wohnung, die Heimat des Heiligen Geistes sind (zum Beispiel Römer 8,11; Galater 4,19; Kolosser 1,27 u.a.). Wie ist das zu verstehen?

Es war Sommer. Der Schweiß triefte aus jeder Pore. Nicht nur die Hitze machte mir dort in den Westalpen zwischen dem Genfer See und Nizza am Mittelmeer zu schaffen. Ich kam an mein körperliches Limit und presste die letzten Energiereserven aus meinem Körper. Nur mein Wille trug mich weiter. Mit ein paar Freunden fuhr ich mit dem Mountainbike über die Alpen. Über die Westalpen, genauer gesagt – denn wir wollten es besonders anspruchsvoll haben. Ich hatte hart trainiert. Aber Thomas, einer unserer Mitfahrer, machte in diesem Sommer den »Ironman«, einen der härtesten Wettkämpfe der Welt, und war topfit. Wenn ich am Gipfel oben ankam, saß er da, wartete schon und musste sich vor der Abfahrt mit einigen Dehnübungen wieder aufwärmen, damit wir weiterfahren konnten. Es war anstrengend, schweißtreibend, aber auch wunderschön! Die Aussicht von den Bergen, das Ziel: Mittelmeer. Und: meinen Körper zu spüren. Jede Faser, jeden Atemzug, jeden Muskel habe ich spätestens ab dem sechsten Tag wahrgenommen. Was für ein Glücksgefühl, schließlich in Nizza am Strand meinen Körper, der mich und mein Gepäck neun Tage lang über die Alpen gebracht hatte, ins kühle Meer tauchen zu lassen! Ich war stolz auf mich und meine körperliche Leistung.

Lange war aber das Wichtige mein Geist. Mein Körper war sozusagen die »Hülle« für mein Herz, meine Seele, meinen Willen, und damit irgendwie »nachrangig«. Doch dann stolperte ich über Weisheiten der Bibel. Durch Krankheit, körperliche Grenzen und einige Offensichtlichkeiten begann ich Fragen zu stellen. Könnte es nicht ganz anders sein?

Auf meiner Suche nach Heimat komme ich deshalb ganz selbstverständlich bei meinem Körper vorbei. Ich möchte mich nicht nur in die Innerlichkeit begeben, mich nicht nur in geistlichen Sphären bewegen. Wenn Gott in mir zu Hause ist, dann ist er auch und ganz selbstverständlich Teil meines Körpers.

ALLES, WAS ICH BIN

Offensichtlich ist ja: Durch meinen Körper lebe ich in Zeit und Raum. Durch ihn bin ich in dieser Welt. Mit meinen Händen bin ich kreativ. Mit meinen Beinen bewege ich mich fort. Meine Körpersprache hat große Auswirkungen auf meine Beziehungen. Mein Körper gibt mir eine Familie, die Fähigkeit zu lieben, zu drohen, mich zurückzuziehen, Erfahrungen zu machen. Und dann sagt Jesus: »Wer an mich glaubt, von dessen Leib werden, wie die Schrift sagt, Ströme lebendigen Wassers fließen« (Johannes 7,37). Man könnte auch übersetzen:»aus dessen Inneren werden Ströme lebendigen Wassers fließen«, oder sogar wörtlich:»von dessen Bauch werden Ströme lebendigen Wassers kommen«.

Das deutet auf eine große Sache hin. Der Körper ist mehr als nur eine Behausung für unseren Geist. Es geht um Identität und Heimat an sich. Ich bin mein Leib. Meine Identität zeigt sich hier. Mein Ich wird am Körper begreifbar. Ich bin umarmbar, berührbar, verletzbar. Mehr noch: Mein Körper ist der ganz reale Ort für das Wirken Gottes. Durch und vor allem an meinem Körper wirkt Jesus: in meinem Dasein, meinen Bewegungen, meinem Lächeln, meinem Auftreten. Man könnte sagen: In jeder Blutzelle wohnt der Heilige Geist. In jedem Lächeln. In jedem Aufstehen. Im Sitzen. Liegen.

Durch und vor allem an meinem Körper wirkt Jesus: in meinem Dasein, meinen Bewegungen, meinem Lächeln, meinem Auftreten.

Wie kommen wir dazu, eine Trennung zwischen Körper, Seele und Geist zu machen?[9] Ist es nicht spannend, dass ursprünglich im Deutschen eher das Wort»Leib« als das Wort»Körper« benutzt wurde? Dass»Körper« für einen Korpus, etwas Gegenständliches, allenfalls für Tiere gebraucht wurde? Vielleicht zeigt sich schon an unserer Sprache die Ver-Gegenständlichung, die Ver-Sachlichung unseres Leibes? Und wirklich: Ich kenne das zu gut von mir. Oft betrachte ich meinen Körper als eine Art»Besitzgegenstand«, den ich pflegen muss, damit er funktioniert. Oder als etwas, das einfach nicht so ist, wie ich es gerne haben möchte. Da plagen mich zu viele Kilos, mein dünnes Haar oder die tiefer werdende Falte zwischen den Augen. Dabei geht es um mehr als das bloße»Funktionieren« oder das perfekte Aussehen. Die Menschen der Bibel dachten nicht in diesen Kategorien. Ganz selbstverständlich war für sie der Körper der Ort der Anwesenheit Gottes. Deshalb kennt das Alte Testament keinen Gegensatz zwischen Körper und Geist. Der Leib wird gegenüber dem»Geistigen« nicht abgewertet. Dass Inneres und Äußeres zusammengehören, wird darin deutlich, dass Organe oder einzelne Glieder immer eine größere Dimension in sich tragen. Die »Niere« ist im Alten Testament der Sitz der Gefühle und Neigungen (Psalm 73,21-22). Das »Gesicht« zielt auf mimische Kommunikationsfähigkeit (1. Könige 21,4), die »Hand« meint oft auch die Handlungsmöglichkeit (Richter 7,2), das »Auge« schließt die Erkenntnisfähigkeit (Psalm 54,9) ein. Die »Kehle« bezeichnet unter anderem den Lebenswillen (1. Mose 12,13) und das »Blut« die Lebenskraft (Psalm 30,10). Wie klug und weise, hier keine Trennung vorzunehmen, sondern den Menschen als »Ganzes« wahrzunehmen! Es war nie so gedacht, dass unser Leib unser Besitz ist. Nein, er gehört zu meiner – er ist meine Identität.

Wochenlang, kurz nach einer größeren Bauchoperation, habe ich das Gedicht von Pierre Stutz meditiert:

Leib sein[10]

Ich habe keinen Leib
sondern bin Leib
seine Signale helfen mir
bewusster zu leben
meine Grenzen anzunehmen
mich wohlwollend ihm zuzuwenden
in Verkrampfung hineinzuatmen

Dabei staunend – dankbar zu erahnen
wie Du mein Inneres geschaffen hast
mich gewoben hast im Schoß meiner Mutter

Ich danke Dir,
dass Du mich so wunderbar
gestaltet hast
mir hilfst leibzentriert zu leben
mich an mir zu freuen
zu wissen wie staunenswert
Deine Werke sind.

Ich bin Leib! Ich möchte an die Bedeutung meines Leibes glauben. Das wird eine sichtbare Veränderung mit sich bringen. Manche geistlichen Väter und Mütter[11] gehen so weit, dass sie meinen: Wer das Kreuz Christi meditiert und bedenkt, der richtet sein eigenes Kreuz, den Rücken, auf. Der Glaube bringt in eine aufrechte Position. Auch zieht sich durch die Bibel die Aufforderung, den Kopf zu heben (Lukas 21,28; Hebräer 12,2; 4. Mose 21,8 u.a.). Das ist auch geistlich gemeint und atmet Hoffnung und Zukunft. Ich bin Leib. Er bestimmt mein ganzes Sein. Heimat finde ich in meinem Körper.

ZU HAUSE IM LEIB

Und jetzt wird's praktisch. Wie lebe ich das? Was macht das für einen Unterschied, dass ich leib-haftig *ich* bin? Wie kann ich das in meinem Alltag spüren und erleben? Gibt es eine Möglichkeit, diesen Gedanken so tief in mir zu tragen, dass mir diese Heimat ganz bewusst ist? Wie komme ich mehr und mehr zu Hause in meinem Körper an und erlebe darin Gott, den Einwohner? Denn wahr ist ja:»Gott wird eure sterblichen Körper durch seinen Geist lebendig machen, durch den Geist, der in euch wohnt« (Römer 8,11; NGÜ).

Meine Zunge soll zum Beispiel der Liebe und der Kraft Gottes unterstellt sein. Dieses kleine Körperteil hat eine große Macht über andere und mich (Jakobus 3,5). Auch habe ich große Lust darauf, dass meine Füße den»Weg des Friedens beschreiten« und dorthin gehen, wo ich gebraucht werde und meine Schritte gelenkt werden.[12] Dem Wirken Gottes wird es zugeschrieben, dass meine Füße festen Halt finden (Psalm 18,37). Meine körperliche Kraft für Kranke einzusetzen, macht einen entscheidenden Unterschied (Lukas 10,30-35). Wenn ich mit meinen Händen gestalte, kann ich damit in Gottes Sinne handeln (Nehemia 6,9).

Deshalb sehne ich mich danach, dass mein ganzer Leib von Jesus selbst durchdrungen ist. Der Heimatstifter soll in meinem Körper wohnen und sich dort wohlfühlen. Der, der die Liebe in Person ist, liebt meinen Leib. Warum sollte ich ihn dann nicht lieben? Mit allen Unzulänglichkeiten, seiner Stärke und seiner Schönheit? Und warum sollte ich ihm nicht Aufmerksamkeit, Zuwendung und Liebe schenken?

Im Folgenden erzähle ich davon, wie ich das praktisch versuche umzusetzen. Verschiedene Übungen und Gewohnheiten helfen mir dabei. Verstehen wir uns nicht falsch: Es bleibt ein Lernen und Üben. Vielleicht ist es wie beim Sport: Je mehr ich trainiere, desto besser werde ich. Ich möchte trainieren, damit die Wahrheit immer tiefer in mein Herz rutscht.

WEIHE DEINEN LEIB![13]

Den Leib weihen? Klingt das nicht nach einer abgefahrenen Amtshandlung der Kirche? Nach einem verschrobenen Bild für die Unterdrückung einer gesunden Sexualität und Körperlichkeit?

Aber es könnte auch anders sein! Könnte es nicht sein, dass es um den Entschluss geht, meinen Leib lieb zu gewinnen? Weil er liebevoll erschaffen wurde und weil er Heimat des liebenden Vaters ist? Vielleicht kann ich mir so bewusst werden, dass ich ganz in der Heimat meines Körpers zu Hause bin. Der Gedanke ist ja nicht neu. Paulus schreibt einmal: »Gebt eure Leiber hin als lebendiges und heiliges Opfer, das Gott gefällt« (Römer 12,1). Damit meint er kein hilfloses, passives Ausgeliefertsein Gott gegenüber. Sondern die liebevolle Zuwendung zum eigenen Leib. Die kommt daher, dass ich weiß, dass Gott, der Schöpfer, mich gut und liebevoll gestaltet hat. Dieses Bewusstsein schenkt mir einen ganz neuen Blick auf mich selbst und damit meinen Körper. Ein Ritual hilft mir dabei, mir das bewusst zu machen:

Ich nehme mir Zeit. Einen ganzen oder einen halben Tag. Ich denke darüber nach, wie es meinem Körper, mir gerade geht. Das notiere ich. Wenn möglich, halte ich mich dafür im Freien, unbeobachtet, auf.

Ich lege vor Gott, was mich bewegt. Ich freue mich über meinen Körper und das, was er kann: einen Triathlon laufen. Nahrung zu sich nehmen. Einen Schneeball formen. Den Garten anlegen. Einen Menschen umarmen. Ein Rad schlagen. Malen. Schreiben. Treppen steigen. Sprechen.

Ich bin traurig über meine Unzulänglichkeit: Krankheiten, körperliche Grenzen und Einschränkungen. Der Gott, der meine Nieren bereitet hat, sieht in mich und weiß um mich.

Ich bringe vor Gott all das, was mir nicht gelungen ist. Zu wenig Bewegung, zu wenig Schlaf, einen unguten Lebensrhythmus, Überanstrengung, ungesundes Essen, zu wenig Selbstliebe.

Dann lege ich mich flach auf den Rücken. Ich bedenke jeden einzelnen Teil meines Körpers. Langsam. Dafür nehme ich mir Zeit. Und ich lade Gott ein, meinen Leib zu formen, zu nutzen und mich dadurch zu ihm hin zu verändern. Ich bitte ihn, ganz in mir zu Hause zu sein. So kann auch ich in meinem Leib zu Hause sein. Damit weihe ich meinen Leib und stelle klar, dass mein Körper, dass alles an mir Gott zur Verfügung steht. Und ich mich damit seiner Liebe aussetze.

Und ich lade Gott ein, meinen Leib zu formen, zu nutzen und mich dadurch zu ihm hin zu verändern. Ich bitte ihn, ganz in mir zu Hause zu sein.

Und dann freue ich mich. Über mich. Über Gott. Alles ist erlaubt: tanzen, springen, Räder schlagen, schlafen, brüllen, Psalmen sprechen.

Ich halte das in meinem Tagebuch fest. Denn ich brauche Erinnerungen daran, dass ich meinen Leib ganz dem liebenden Gott unterstellt habe.

SPÜRE![14]

Hast du ein gutes Körpergefühl? Bist du ganz in deinem Leib zu Hause? Mir fällt es oft schwer. Ich liebe deshalb die Sportarten, bei denen ich mich intensiv spüre: Mountainbiken, Klettern, Laufen, Schwimmen, Skitouren. Aber auch Pilates. Das Atmen, die Muskelbewegung und die Kraftanstrengung erinnern mich an das volle Leben. Vielleicht geht es dir ganz anders und du brauchst es nicht so sehr, deinen Körper intensiv zu spüren. Möglicherweise passt diese Übung aber trotzdem zu dir. Du musst dafür keinen Sport treiben oder eine große Kraftanstrengung unternehmen. Mir hilft es, mich zu erden und mich in meinem Körper einzufinden.

Montagmorgens, wenn die Arbeitswoche startet, oder aber vor einer Predigt, die ich halten soll, vor einem wichtigen Gespräch oder einfach, wenn ich müde bin, kann ich keinen Halbmarathon laufen, nur um mich zu spüren. Deshalb hilft mir diese simple Übung: Ich stelle mich bewusst mit beiden Beinen auf den Boden, atme, wie es gerade kommt, und beginne mich am ganzen Körper abzuklopfen. Dafür nehme ich mir Zeit. Ich beginne am Scheitel, klopfe den Nacken ab, das Gesicht mit meinen Fingerspitzen. Die Schultern, Arme und die Brust, die Flanken und – wenn möglich – den Rücken mit kräftigerem Klopfen. Den Bauch mit sanften Schlägen. Das Gesäß, ein Bein, dann das andere bis hinunter zu den Füßen. Dann richte ich mich zu meiner vollen Größe auf. Atme. Stehe. Bin – mir – bewusst, dass Gott jetzt da ist.

Ich gehe dann anders in den Tag. Habe ein Bewusstsein für meinen Leib, meinen »Resonanzkörper«. Das fühlt sich be-lebt, beseelt an. Ich mache mir bewusst, dass ich Göttliches berühre, wenn ich meinen Körper anfasse.

RUHE!

Weil Gott in meinem Körper wohnt und an meinem Körper wirkt, kann ich damit aufhören, mich immer weiterzupeitschen. Ich brauche mich nicht zu Höchstleistungen antreiben. Gott wirkt auch dann in mir, wenn mein Körper ruht. Wenn Gott der Einwohner meines Körpers ist und in jeder Blutzelle meines Leibes wohnt, dann handelt er durch mich. Vielleicht sogar unabhängig von meinem Tun. Fleißig möchte ich sein. Aber auch gelassen, entspannt. Wenn ich mir Zeit nehme, erlebe ich, wie ich Zugang zu ungeahnten Kraftquellen und einen wachen Geist bekomme. An Gott und sein Prinzip erinnere ich mich: sechs Tage arbeiten, einen Tag ruhen. Umgerechnet: 86,71 Prozent Arbeit und 13,29 Prozent ruhen. Klar! In Zahlen lässt sich das nicht ausdrücken. Aber wenn wir anfangen, die erste Priorität dem Schlafen, Essen und Gebet einzuräumen, dann folgt alles andere fast schon automatisch. Gott hat mit Ruhe begonnen. Warum sollten wir das nicht tun?

Und nicht nur das: Jesus spricht davon, dass wir werden sollen wie die Kinder. Wenn ich meinen kleinen Sohn anschaue, dann wird mir klar: Es schläft, trinkt und macht die Windel voll. Mehr tut er in den ersten Wochen nicht. Damit beginnt Menschsein. Oft endet es auch so. Könnte nicht schon hierin die Weisheit liegen, dass diese Dinge zuerst getan werden müssen, bevor wir uns dem anderen zuwenden? Für Reinhard Deichgräber sind diese drei Punkte entscheidend: schlafen, essen und beten.[15] Wenn diese drei Dinge in unserem Leben genügend Aufmerksamkeit erhalten, dann bleibt ausreichend Zeit für anderes Wesentliches. Dafür – so schreibt er – ist eine Fähigkeit besonders nötig: die Kunst, weglassen zu können. Diese Kunst ist nicht leicht zu erlernen. Und sie beginnt damit, dass wir ein gesundes Zutrauen in unseren Körper haben. Gott hat uns diesen Körper geschenkt, der Schlaf, Essen und vor allem Ruhe braucht. Wer nie auf das Bedürfnis des Körpers nach Ruhe hört, braucht sich nicht zu wundern, wenn er hastig und – im wahrsten Sinne des Wortes – ruhelos wird.

Extrem, aber vielleicht wahr, drückt es Blaise Pascal aus: »Das ganze Unglück der Menschen rührt daher, dass sie unfähig sind, in Ruhe allein in ihrer Kammer zu bleiben.« So gönne ich mir auf dem Weg zur Heimat und zur Arbeit Pausen und plane mir bewusst Ruhezeiten ein.

BLEIB BEWEGLICH!

Der Ruhe gegenüber steht als gutes Gleichgewicht die Beweglichkeit. Nicht jeder muss zur Sportskanone werden. Lebensumstände, Behinderungen, Alter oder Krankheiten schränken uns ein. Auch ich kenne solche Zeiten. Aber in Bewegung möchte ich selbst dann bleiben. Auf dem Weg möchte ich sein. Zu Hause in meinem Körper.

Bewegung ist energiespendend. Mir begegnet darin der wandernde Gott – der Schöpfer aller Bewegung. Die äußere Bereitschaft, beweglich zu bleiben, flexibel zu sein, lebt sich in unsere innere Welt hinein. Wer – und wenn es nur kleine Bewegungen sind – seinen Heimatkörper in Schwung bringt, der kommt in Gang. Gedanken, Fragen und Neues beginnen zu fließen. Und was im Fluss ist, das kann gelenkt und verändert werden. So arbeitet der Heimatstifter an und in uns. Teresa von Ávila, die große Mystikerin, drückt es so aus: »Sehe ich Menschen, die so sehr auf ihre Gebetsweise versessen sind, dass sie sich starr und steif in sich selbst verschließen – wie wenn sie nicht wagten, sich zu rühren, um ja kein Krümel ihrer Andacht zu verlieren –, so verraten sie mir damit, wie wenig sie von dem Weg wissen, der zur Vereinigung mit Gott führt.«[16]

Die äußere Bereitschaft, beweglich zu bleiben, flexibel zu sein, lebt sich in unsere innere Welt hinein.

Ich wage zu behaupten, dass jede Bewegung, und sei es nur das Schnalzen mit der Zunge, ein Lobpreis Gottes ist. Nachfolge an sich lädt zur Bewegung ein. Es ist ein Nachwandern. Ein Hinterherbewegen. Ein Mitbewegen mit Jesus. Wenn er in uns lebt und unsere Gedanken, unseren Geist und unsern Glauben in uns bewegt, dann tun wir bestimmt nichts Falsches, wenn wir auch den Leib bewegen. Madeleine Delbrêl bringt es wunderschön auf den Punkt, wenn sie sagt, dass die innere Bewegung der leiblichen Bewegung gleicht und sie miteinander verwoben sind:

»Immer weiter, immer weiter!«, sagst Du zu uns in allen Kurven des Evangeliums. Um die Richtung auf Dich zu behalten, müssen wir immer weitergehen, selbst wenn unsere Trägheit verweilen möchte. Du hast für uns ein seltsames Gleichgewicht ausgedacht, ein Gleichgewicht, in das man nicht hineinkommt und das man nicht halten kann, es sei denn in der Bewegung, im schwungvollen Voran. Es ist wie mit einem Fahrrad, das sich nur gerade hält, wenn es fährt; es lehnt schief an der Wand, bis man es zwischen die Beine nimmt und davonbraust. … Wir können uns nur aufrecht halten, wenn wir weitergehen, wenn wir uns hingeben in den Schwung der Liebe.[17]

Warum wird bei sogenannten »Lobpreiszeiten« oft nur gesungen? Warum nicht getanzt? Dadurch kommen unsere versteiften und müden geistlichen Bewegungen in Fluss, in Bewegung und in ein heilsames Chaos. Gott kann eingreifen und die Dinge ordnen. Zusammenfügen. An den Platz rücken. Aber in Bewegung muss alles kommen. Unsere geistlichen Vorfahren haben getanzt, wie zum Beispiel Teresa von Avila. Tun wir es ihnen nach auf unserem Weg in die Heimat.

Oder: Warum nicht eine Runde joggen gehen? Warum nicht zur Ehre Gottes Dehnübungen oder einen Spaziergang machen? Unsere Christusväter und -mütter haben Kreuzwege, Kreuzgänge, Labyrinthe zum »meditativen Gehen« erfunden. Dort sind sie gegangen, um ihre innere Heimat zu finden. Wenn unser Körper Heimat des Heiligen (1. Korinther 6,19) ist, dann ist jede körperliche Betätigung, die dem Leib guttut, Lobpreis Gottes. Schon mal unter diesem Gesichtspunkt laufen gewesen? Oder morgens als sogenannte Stille Zeit ein paar Dehnübungen durchgeführt? Was in Bewegung ist, kann gestaltet werden.

AUCH WENN ICH KRANK BIN

Das Wissen, dass *ich* mein Leib bin und Jesus in jeder Zelle meiner Identität zu finden ist, verändert meine Sicht auf Zeiten, in denen ich krank bin. Genau da ist Jesus doch genauso bei mir, mir vielleicht noch viel näher, als es jeder andere sein kann. Einsame Zeiten in Krankheitsphasen bekommen einen ganz anderen Charakter, wenn ich darüber nachdenke, dass Jesus in diesem Körper das Sagen hat, mit mir durch Tiefen geht und an dieser Krankheit mitleidet. Das nimmt dem Schmerz die schärfsten Spitzen. Jesus leidet, wie ich es tue. Der perfekte Körperbau, stählerne Muskeln, tolles Aussehen werden zweitrangig, wenn diese Wahrheit ganz tief in mir ist. Mein Leib ist die Heimat des lebendigen Gottes. Er hat sich diesen meinen Leib ausgesucht, um darin zu wohnen. Das führt mich weg von der Vergötterung meines Körpers hin zu einer In-Göttlichung meines Leibes. Mir hilft diese Sicht in Krankheitszeiten und bei verordneter körperlicher Ruhe.

Heimat spricht unsere Sinnlichkeit an. Wenn ich an Zuhause denke, dann fallen mir Gerüche, Geschmäcker, gewohnte Anblicke, bekannte Handgriffe und vertraute Geräusche ein. Warum sollten wir diese Sinnlichkeit auf dem Weg zu unserer Herzheimat vernachlässigen? Riechen, schmecken, sehen, hören, tasten – all das gehört zu uns.[18] Sinnlichkeit zu entdecken und unterwegs Schönes zu erleben, gehört zu unseren Aufgaben auf dem Weg zur Herzheimat. Ich versuche mir deshalb in meinem Alltag Zeiten für gutes Essen, Theaterbesuche, schöne Filme, Spaziergänge, ein Glas Wein, Musik einzuplanen. Sinnlichkeit erlebe ich vor allem im eigenen Gestalten. Musik selbst machen, kochen, dekorieren, bauen, handwerken, malen, eine Katze streicheln führt mich zu mir selbst zurück. Darin begegnet mir der Sinnstifter und das Sinnliche an sich.

Was mag ich? Was kann ich? Wie klingt, riecht, schmeckt das? Wie hört sich das an? Wie fühlt sich das an? Diese Fragen führen uns zu uns selbst und damit zu Gott zurück. Auch so können wir Heimat finden.

Der Weg nach Hause ist ein Weg, der alles meint: Leib, Seele, Herz. Mich. Ich habe keinen Leib. Ich bin Leib. Greifbar, umarmbar, berührbar wohnt Gott in mir. Darin finde ich Heimat. Das verändert meinen Glauben und die Sichtweise auf Gott und mich selbst.

HEIMATHAFEN

- Wann hast du dich das letzte Mal gespürt? Dich ganz in deinem Körper zu Hause gefühlt?
- Wie blickst du in den Spiegel? Wenn Gott durch deine Augen morgens in den Spiegel sehen würde: Was sähe er?

KAPITEL 6

Achtung! Zeitraub – Zu Hause in der Gegenwart

Kennst du Momo? Sie ist dieses kleine, sonderbare Mädchen, das die Welt verändert, weil sie den Menschen ihre gestohlene Zeit zurückbringt. Sie hat die besondere Gabe, nur im »Jetzt« zu sein.[19] Zu jedem Zeitpunkt lebt sie in der Gegenwart. Graue Herren der Zeitsparkasse versuchen alle Menschen dazu zu bringen, Zeit zu sparen. Allerdings werden diese Menschen um ihre Zeit betrogen. Zeit kann man nämlich nicht sparen. Momo wird bald der Hauptfeind der grauen Herren. Es gelingt ihr, den Menschen die Zeit zurückzubringen, weil sie die Kunst beherrscht, sich ganz dem Augenblick hinzugeben. Ich ahne, dass darin Weisheit für das Leben liegt.

Im Gegensatz zu Momo bin ich eine wahre Künstlerin im vermeintlichen Zeitsparen. Ich kann wunderbar telefonieren, kochen, Mails beantworten und fernsehen – alles gleichzeitig. Mein Kopf ist oft voller Pläne, wie ich möglichst effektiv Stunden oder Tage nutze. Blöd, wenn dann etwas dazwischenkommt. Als mir bewusst wurde, dass ich heimatlos war, dachte ich vor allem an die Vergangenheit: »Warum hast du das nur so entschieden?«, und der Sturz begann. Grübeleien haben mich nach unten gezogen ... Das Glück im Alltäglichen habe ich nicht mehr gesehen.

Herzensflüchtlinge wie ich leben immer in der Vergangenheit

oder sie planen die Zukunft. Es fällt ihnen schwer, im Jetzt zu sein. Sie trauern, grübeln, schwärmen von früher. Oder sie träumen, planen, sorgen sich, sorgen vor. Wie ich. Vielleicht auch du? Verpasste Entscheidungen, falsche Abbiegungen im Leben oder eine verpatzte Chance rauben Kraft. Du wirst energielos. Und du verbringst Nächte damit zu trauern. Oder dem Konjunktiv hinterherzudenken: »Wenn ich doch bloß anders gehandelt hätte …« Vielleicht wartest du auch dauernd auf die kommende Möglichkeit. Wenn du erst einmal die Ausbildung beendet hast, die Kinder aus dem Haus sind, der Karrieresprung gemacht ist, du das nächste Projekt geschafft hast … dann. Ja, was dann?

Wir können nur in der Gegenwart leben.

Wir werden heimatlos, wenn wir nur auf die Zukunft hoffen oder der Vergangenheit hinterhertrauern. Die Realität ist diese: Wir können nur in der Gegenwart leben. Wenn du Heimat finden willst, ist das Jetzt entscheidend. Im Hier und Jetzt zu Hause zu sein. Das Alte loszulassen. Anzunehmen. Und gelassen weiterzugehen. Eckhard Tolle sagt: »So wie wir jetzt leben, werden wir auch in Zukunft leben.« Heimat ereignet sich jetzt. Aber: Wie lande ich dort? Wie komme ich im Augenblick an? Und was genau ist die Gegenwart?

WAS IST GEGENWART?

Nehmen wir eine Sanduhr. Im unteren Teil befindet sich die Vergangenheit. Im oberen Teil liegt der Sand der Zukunft. Die schmale Verengung im Mittelteil ist die Gegenwart. Die Zukunft rinnt unaufhörlich durch die Mitte. Hier befinden sich jeweils für ein paar Millisekunden ein oder zwei Körnchen Sand. Bevor sie zur Vergangenheit werden. Genau das ist die Gegenwart. Das Jetzt. Das Heute. Das Hier. Es geht um dieses eine Sandkorn. Es ist entscheidend. Alles findet jetzt statt. Die Gegenwart trägt eine Kraft in sich. Es ist die Kraft, die

Zukunft zu verändern. Wer jetzt das Streichholz an den Docht hält, hat in der Zukunft eine wärmende Kerze.

Und noch etwas: Die Gegenwart meint und braucht alle Sinne. Wer ganz da ist, hat ein offenes Ohr, einen wachen Blick, den richtigen Riecher, spürt und schmeckt in vollen Zügen. Wenn alles in und an uns geöffnet und erwartungsvoll ist, öffnen wir uns automatisch der Gegenwart. Dann sind wir voll da. Präsent. Und geben uns in einen Augenblick hinein.

Kennst du solche Augenblicke, in denen du ganz da warst, präsent warst? Oft erinnern wir uns noch an den Geruch des Raumes, die Augenfarbe des Gegenübers oder die Atmosphäre. Das Wort Gegenwart meinte ganz ursprünglich keine bestimmte Zeit, sondern Anwesenheit. Das Dasein. Es geht um die Anwesenheit im Augenblick mit allen Sinnen.

Vielleicht fragst du dich, warum das wichtig ist. Hast du schon einmal einen intensiven Abend erlebt, an dem du dich gut unterhalten hast, ihr auf spannende Themen gestoßen seid, du ein gutes Glas Wein getrunken hast (oder auch zwei) und deine Arbeit oder dein Studium, deinen Alltag völlig vergessen hast? Genau da hast du etwas erlebt, was ich als diese Gegenwart bezeichne: ganz dabei sein. Voll da sein. Alle Sinne auf eine Sache konzentrieren. Eintauchen und dabei abtauchen. Ganz bei sich sein. Sich nicht ablenken lassen. Nichts tun müssen. Einfach sein.

Das ist Gegenwart.

GOTT. JETZT.

Meine Entdeckung ist diese: Gegenwart ist göttlich. Und: Gegenwart hat entscheidend etwas mit unserer inneren Heimat zu tun! In der Gegenwart, im Augenblick, der jetzt gerade ist, begegnen sich Himmel und Erde. Wer ganz im Augenblick anwesend ist, der findet darin Gott. Weil Gott selbst immer im Augenblick ist. Er stellt sich vor als der, der ist. Ungefähr so:

Einer geht seinen alltäglichen Geschäften nach. Er sieht unerwartet ein seltsames Phänomen. Ein Feuer, das lodert, ohne zu zerstören. Gott spricht aus dem Feuer. Er stellt sich vor: »Ich war bei deinen Vorfahren in der Vergangenheit und ich möchte in Zukunft mit dir sein. Ich bin, der ich bin.« Mit allen Sinnen ergreift der Hirte diese Gegenwart. Er spürt die Wärme des Feuers und riecht den Rauch. Er sieht das Flackern der Flammen. Er hört die Stimme. Und er nimmt unter den nackten Füßen die Realität des Bodens wahr.

Der Im-Augenblick-Seiende hat sich Mose damals mit diesen Worten vorgestellt: »Ich bin, der ich bin« (2. Mose 3,14; ELB). Er, der die Vergangenheit kennt und die Zukunft verheißt, stellt sich als der Gegenwärtige vor. Sein Wesen ist Gegenwart. Und deshalb ist er auch Zukunft und Vergangenheit.

Deshalb begegne ich in der Gegenwart immer Gott. Und in Gott der Gegenwart. Im Jetzt zeigt er sich als der, der er ist. Und deshalb finde ich im Heute auch innere Heimat.

Gerhard Teersteegen[20] schrieb einmal die Zeilen:

Gott ist gegenwärtig,
lasset uns anbeten
und in Ehrfurcht vor ihn treten.
Gott ist in der Mitte,
alles in uns schweige
und sich innigst vor ihm beuge.

Ich dachte immer, die Liedzeilen seien so gemeint: Gott ist da, und deshalb sollen wir ganz andächtig werden. Aber es ist genau andersherum: Dort, wo wir gegenwärtig sind, wo wir mit unserer ganzen Aufmerksamkeit sind, da ist Gott! Er ist in der Mitte. Er ist dort im Zentrum unseres Seins. Er ist anwesend in unserer inneren Heimat. Dort wartet er auf uns. Und weil er da ist, werden wir berührt von seiner Gegenwart, seiner Anwesenheit.

Das verändert mein Denken. Wenn es wirklich so ist, dann ist immer *jetzt* die willkommene Zeit. Dann ist immer *heute* der Tag des Heils (2. Korinther 6,2). Dann wird heute und jetzt das Entscheidende passieren. Und ich brauche nicht in der Vergangenheit zu wühlen oder die Zukunft herbeizusehnen.

Es kann also wirklich sein, dass der Heimatstifter und Einwohner heute ruft. Es kann passieren, dass ich heute seine Stimme höre. Wenn das so ist, dann möchte ich gerne ganz da sein (Psalm 95,8).

Übrigens: Wer so die Gegenwart sieht, der geht von einer anderen Zukunft aus. Der katholische Kardinal Fulton John Sheen beschreibt den Himmel als das »ewige Jetzt«. Da steckt viel Weisheit darin. Könnte es nicht ein Hinweis darauf sein, dass unsere Heimat im sogenannten Himmel immer auch die Gegenwart ist? Vielleicht beginnt der Himmel im Jetzt. Und damit ist das Leben in der Gegenwart ein bisschen wie die Heimat im Himmel.

Es kann also wirklich sein, dass der Heimatstifter und Einwohner heute ruft. Wenn das so ist, dann möchte ich gerne ganz da sein.

Unser Zuhause im Himmel, die Heimat, die er vorbereitet, unterliegt nicht der Zeit und nicht dem Zeitgeist (Johannes 14,2), sondern der Gegenwart. Unsere Heimat im Himmel ist das »ewige Jetzt«. Deshalb ist sie Ewigkeit. Wer also jetzt schon in der Gegenwart lebt, erlebt bereits Himmel auf Erden. Wer jetzt schon Heimat in sich trägt, ahnt bereits die Heimat in der dauernden Anwesenheit Gottes. Im Himmel gibt es keine Sanduhr, sondern nur Sandkörner der Gegenwart.

ICH. JETZT.

Hast du schon einmal ein kleines Kind gesehen, das sich einfach freut, weil es da ist? Meine älteste Tochter ist darin wirklich eine Meisterin. Wie oft sitzt oder liegt sie auf dem Boden und malt gedankenverloren irgendwelche Zettel voll. Dabei singt sie leise vor sich hin. Mitunter immer wieder dieselbe Liedzeile. Dabei ist sie so vertieft in ihre lustigen Zeichnungen, dass sie die Welt um sich herum völlig vergisst. Von ihr will ich lernen. Ich sehne mich nach einem gegenwärtigen, verorteten Leben, das sagen kann:»Ich freue mich, dass es mich gibt!« Ich möchte die Gegenwart erleben. Ich möchte alle Sinne in Anspruch nehmen. Und mich an meinem Dasein freuen. Spaß haben, weil es mich gibt. Und es offensichtlich ist, dass mich einer haben wollte.

Klar. Wir werden es nie ganz hinbekommen, nur in der Gegenwart zu leben. Dauernd alle Sinne in Anspruch zu nehmen. So oft kommt mir die Präsenz abhanden. Vielleicht schaffst du das ja besser? Aber ich stelle fest: Wenn ich mehr Zeit damit verbringe, im Jetzt zu sein, statt dauernd der Zukunft hinterherzulaufen oder der Vergangenheit hinterherzutrauern, habe ich ein Gespür für den »richtigen Zeitpunkt«. Sagen wir es mal so: Wer ganz bei einem Fußballspiel dabei ist, den Spielverlauf verfolgt, ordentlich trainiert hat, ein Gefühl für den Gegner entwickelt hat und mit dem nötigen Ballgefühl und der nötigen Kraft im Bein ausgestattet ist, der wird eine Gelegenheit erkennen. Er spürt, wann der Zeitpunkt für den Abschluss gekommen ist. Er ist so wach, dass er eine »Chance verwandelt«. Das meine ich mit dem richtigen Zeitpunkt.

Machen wir kurz einen Ausflug in die griechische Sprache. Wenn vom »richtigen Zeitpunkt« gesprochen wird, dann kommt häufig das Wort »kairos« zum Einsatz. In der griechischen Mythologie wird »Kairos« auch als Gottheit bezeichnet und wird so dargestellt: Er hat nur Haare am Vorderkopf, am Hinterkopf glänzt eine Glatze. Mal abgesehen davon, dass das ziemlich hässlich aussieht, wollten die Griechen damit zum Ausdruck bringen: Manchmal gilt es, eine Gelegenheit »beim Schopfe« zu packen. Wenn wir den Augenblick verstreichen lassen, dann greifen wir »ins Leere«. Für uns kann das heißen: Wenn wir präsent sind, gegenwärtig sind, dann werden wir die Gelegenheit erkennen und sie ergreifen. Dafür brauchen wir den wachen Blick. Wo die Sinne nach hinten oder nach vorne gerichtet sind, da werden wir Dinge versäumen und unsere Kraft mit Griffen ins Leere vergeuden.

Auf die Spitze getrieben hat das Jesus. Klar, wer sonst? Voller Begeisterung beschließen drei Menschen ihm nachzufolgen (Lukas 9,57-62). Einer wendet ein: »Ich muss mal noch schnell die Beerdigung für meinen Vater organisieren.« Jesus erwidert: »Lass die Toten ihre Toten begraben.« Ein anderer hat einen mindestens ebenso guten Grund: »Ich möchte mich schnell noch von meiner Familie verabschieden.« Jesus erwidert: »Wer nur in die Vergangenheit schaut, der kann nicht im Reich Gottes arbeiten!«

Uff! Das klingt krass! Ist es auch. Aber dahinter steckt der Gedanke vom Augenblick, vom »kairos«, der Gelegenheit, der Gegenwart. In der Bibel wird Kairos auch als Chance zur Gnade verstanden. Wo Gott sich zeigt, da kann eine Entscheidung des Menschen einen großartigen Unterschied machen. Als Jesus seinen Dienst beginnt, spricht er in seiner ersten Predigt von diesem Kairos, dieser Gnaden-Chance: »Die *Zeit* ist erfüllt, und das Reich Gottes ist nahe herbeigekommen. Tut Buße und glaubt an das Evangelium!« (Markus 1,15). Wer immer nur sagt: »Ich muss vorher noch dieses und jenes …«, oder: »Wenn ich erst einmal X und Y erledigt habe …«, der verpasst den Augenblick! Der rennt der Zukunft hinterher oder schwelgt in der Vergangenheit.

Wenn wir Gott begegnen wollen, dann geht das am besten im Jetzt. Gelegenheiten beim Schopfe zu packen, kann nur der, der sie sieht. Dafür brauchen wir offene Sinne und die Bereitschaft für die Gegenwart. Dieser Augenblick ist der beste dafür! Ja! Ich meine wirklich jetzt!

DER SPRUNG INS JETZT

In meinem Flur hängt eine weiße Wanduhr. Statt Zahlen steht an den entsprechenden Stellen zwölfmal das Wort »NOW!«. Das Zifferblatt ist meine Erinnerung an Momo. Kennst du Menschen, die voll und ganz in der Gegenwart leben? Ich gebe zu: Es fasziniert mich, wie sie leben.

Nehmen wir Michael: Egal zu welcher Tageszeit ich in sein Büro komme, angemeldet oder nicht, steht er immer sofort auf und vermittelt mir, es gäbe für ihn nichts Wichtigeres auf der Welt, als jetzt einen Kaffee mit mir zu trinken. Oder nehmen wir Regina. Sie kann Sitzungen so leiten, dass du immer das Gefühl hast, sie ist super vorbereitet und kann auf Einwände präsent und wohlwollend reagieren. Oder meine Tochter. Sie kann stundenlang Playmobilfiguren sortieren und alles andere vergessen (damit kann sie übrigens auch fünf Minuten vor der Abreise in den Skiurlaub beginnen).

Das Sein in der Gegenwart, das Hingeben an den Augenblick, ist ein Geheimnis. Das Schöne an diesem Geheimnis ist, dass wir es lüften können. Mehr noch: Ich bin überzeugt davon, dass wir die Kunst des Daseins, des Lebens im Augenblick, das Gegenwärtigwerdens, lernen können. Mit ein bisschen Übung können das sogar solche »Möglichst effektiv alles gleichzeitig«-Menschen wie ich.

Aber wie komme ich dorthin? Mein Kopf ist voller Gedanken. Und mal ehrlich: Heute ist es echt ein bisschen ungeschickt. Ich muss noch dieses Projekt fertig machen, habe einen Termin und überhaupt – der Abwasch steht an. Wie genau soll ich jetzt ganz diesen Augenblick wahrnehmen? Mir fällt es schwer, meine Gedanken in die Gegenwart zu bringen. Geht das? Ganz in der Gegenwart sein?

Das Sein in der Gegenwart, das Hingeben an den Augenblick, ist ein Geheimnis. Das Schöne an diesem Geheimnis ist, dass wir es lüften können.

Für mich ist das schwierig. Aber ich bin abhängig davon, dass ich ganz in der Gegenwart lebe. Gerade deshalb brauche ich konkrete Umsetzungsmöglichkeiten und Ideen. So kann ich üben. Und Gott begegnen. Und mir selbst. Und damit Heimat in der Gegenwart finden. Im Folgenden habe ich einige meiner persönlichen Entdeckungen zusammengestellt. Vielleicht helfen sie auch dir?

DRAN-DENK-ORTE

Auf dem Weg in meine Hochschule bin ich ein paar Jahre lang immer an einem Pflasterstein auf dem Fahrradweg vorbeigekommen, auf dem »HIER« stand. Ich habe keine Ahnung, warum, aber ich habe irgendwann beschlossen, beim »HIER« zu beten. Vor den Vorlesungen und danach bin ich mit dem Fahrrad kurz stehen geblieben und habe in einem Ungefähreineminutezwanzigsekundengebet Gott erzählt, was mich gerade umtreibt, und mich darin erinnert, dass er hier ist.

Oder so: Wenn ich zu unserem Auto gehe, dann muss ich durch unseren Garten. Diesen kleinen Weg gehe ich langsam und bewusst. Oft schaue ich noch kurz bei den Himbeeren, einem Strauch, den Tomaten oder der Zaubernuss vorbei. Diesen kleinen Weg dehne ich bewusst aus. Ich freue mich, wenn das erste Grün im Frühjahr irgendwo aus der Erde sprießt oder die erste Blüte am Apfelbaum zu sehen ist. Ich verbinde das mit einer Art »Schöpfungsgebet«: »Danke, guter Gott, für deine Schöpfung! Danke, dass alles aus deiner Hand kommt!« Ich habe keinen Kreuzgang wie die Mönche, aber einen kleinen Weg im Garten, über den ich zum Auto oder Fahrrad gehen muss. Hier erlebe ich Gegenwart.

Schaffe dir solche »Dran-denk-Orte«! Was erinnert dich im Alltag an Jesus? An seine Gegenwart? Halte kurz inne, nimm wahr, was heute los ist, und bring das in ein paar Sätzen vor ihn. Auf diese Weise wirst du in einzelnen kleinen Augenblicken ganz in der Gegenwart sein.

DAS JESUSGEBET

Das Jesusgebet braucht Übung, aber es ist wunderschön und lohnt sich. Manche nennen es auch Herzensgebet. In den Gebetszeiten, die ich habe, reserviere ich oft eine Weile dafür. Ich setze mich bequem, aber aufrecht hin und beobachte meinen Atem. Der kommt und geht. Das tut er, wie er gerade will. Ich verändere das nicht. Wenn ich den Eindruck habe, dass mein Atem gleichmäßig da ist, dann beginne ich in meinen Gedanken zu sprechen. Beim Einatmen: »Du in mir« – beim Ausatmen: »Ich in dir.« Die ursprüngliche Form der alten Kirche, »Herr Jesus Christus, erbarme dich meiner!«, passt irgendwie nicht zu meinem Atemrhythmus und ich hatte das Gefühl, dass sie mich ganz unnötig klein werden lässt. Ich musste eine Weile herumprobieren, bis ich schließlich diese Worte für mich gefunden hatte. Sie führen mich in die Gottesnähe. Das Gebet bewirkt, dass irgendwann Atem, Herzschlag und Worte völlig ineinander übergehen. »Profis«, zu denen ich leider nicht gehöre, haben es irgendwann so intus, dass sie es sofort beginnen können und damit ganz schnell in die Gegenwart Jesu kommen. Und nicht nur das. Sie kommen ganz bei sich selbst und ihrer Herzheimat an. Das spornt mich an. Dahin möchte ich. Deshalb übe ich weiter.

Die große Herausforderung beim Jesusgebet ist, dass ich zwar bete und die Worte in meinen Gedanken habe, aber dass sich ein Haufen anderer Gedanken dazwischenschieben: »Das dringende Telefonat muss ich noch führen! Hast du an die Geburtstagskarte gedacht? Was sage ich denn heute dem Kollegen?« Wenn das passiert – und mir passiert das ständig –, dann stelle ich mir vor, dass ich diesen Gedanken innerlich anschaue und ihn dann wieder zur Seite lege. Wenn er mich zu sehr ablenkt, schreibe ich ihn auf. Die Hauptsache ist: weitermachen!

Und irgendwann – wenn ich wirklich weitermache –, dann verbindet sich das Gebet mit meinem Atem. Wird mir selbstverständlich.

Ein lieber älterer Freund erzählte mir, dass er während der Sitzungen seiner Chemotherapie das Jesusgebet betete. Irgendwann bildeten seine Gedanken zwei Ebenen. Die erste waren die Worte des Jesusgebets. Sie wurden zur Selbstverständlichkeit. Die zweite Ebene waren Zukunfts- und Reiseplanungen. Beide Ebenen schenkten ihm – trotz und während der Chemotherapie – Kraft und Hoffnung.

Je länger ich das Jesusgebet bete, desto mehr bin ich bei mir und öffne mich gleichzeitig Jesus. Oft – nicht immer – komme ich so ganz in der Gegenwart an. Das mache ich zum Beispiel daran fest, dass meine Sinne ganz wach und aufmerksam sind.

AB JETZT: FÜNFZEHN MINUTEN

Ich gehöre zu der Sorte Mensch, denen immer einfällt, was man noch schnell machen könnte. (Ich glaube, ich bin nicht die Einzige …) »Ich schreibe noch die E-Mail zu Ende und dann ...!« Oft verstreichen dadurch wichtige Augenblicke und ein Kairos, ohne dass ich ihn genutzt hätte. Ich habe mir deshalb ein paar Dinge überlegt, die ich täglich tun möchte. Ich möchte zum Beispiel täglich mit jedem meiner Kinder fünfzehn Minuten ungeteilte Zeit verbringen. Ich schaue also bewusst auf die Uhr, wenn ich anfange, die Siku-Autos meines Sohnes über den Teppich zu ziehen. Fünfzehn Minuten lang wird mich nichts davon abhalten, diesen Teppich zu verlassen: kein Telefon, keine Whatsapp-Nachricht, kein Blitzgedanke, keine Unterbrechung (Ausnahmen gelten natürlich bei blutenden Geschwistern und ähnlichen anderen Dramen …). Manchmal ist das schwer und ich frage mich, wann die fünfzehn Minuten endlich vorbei sind. Oft werden es aber auch ganz unbemerkt zwanzig oder dreißig Minuten, die ich ungeteilt mit einem Kind verbringe.

Ähnlich mache ich das mit dem Lesen oder der Gebetszeit am Morgen. Klar: Fünfzehn Minuten sind nicht viel, aber für mich sind sie eine realistische Größenordnung. Fünfzehn Minuten kann man schon mal aushalten, sie lassen sich immer irgendwie einbauen. Übrigens gilt das auch andersherum: fünfzehn Minuten für Facebook. Fünfzehn Minuten für Whatsapp-Nachrichten. Fünfzehn Minuten Nachrichten lesen. Vielleicht geht es auch einfach nur darum, die Dinge nacheinander zu tun. Nicht alles gleichzeitig erledigen zu wollen. Und weil mir das so schwerfällt, nehme ich das Fünfzehn-Minuten-Raster, um mich besser zu konzentrieren.

MIT ALLEN SINNEN: HERAUSSPAZIERT!

Einmal im Monat – oft genug schaffe ich nicht mal das – gehe ich mit meinen Sinnen spazieren. Ich setze also wirklich einen Fuß vor den anderen und laufe los. Das Ziel weiß ich nicht. Darum geht es auch nicht, sondern darum, meine Sinne zu schärfen und wahrzunehmen. Ich nehme mir Zeit, in einen Atem- und Schrittrhythmus zu kommen. Dann gehe ich die Sinne durch: Ich sehe. Was nehme ich wahr? Welche Farben hat der Himmel heute? Kann ich das Blau noch näher beschreiben? Ist es Vergissmeinnichtblau, Ozeanblau, Stahlblau, Bayrisch Blau? Ich atme ein. Ich atme aus. Was rieche ich? Ändert sich der Geruch, wenn ich mit geöffnetem Mund einatme? Ist der Duft angenehm oder eher abstoßend? Ich fühle. Wie sich das Gras unter der Schuhsohle anfühlt. Wenn ich kann, gehe ich barfuß. Ich ertaste mit meinen Händen die Baumrinde, fühle das Wetter auf der Haut. Irgendwann konzentriere ich mich auf das Hören. Was nehme ich wahr? Ich schließe die Augen. Das Surren der Insekten, ein Rascheln am Waldrand. Wenn es Sommer oder Herbst ist, kann ich Sauerampfer oder einen heruntergefallenen Apfel schmecken. Ich versuche dann nicht zu bewerten, wie etwas aussieht, sich anhört, sich anfühlt, schmeckt, riecht. Es geht um das Erlebnis, das Wahrnehmen, das Dasein. Diese Momente werden ganz plötzlich heilig. Auch wenn sie nicht dieses Ziel verfolgen. Das passiert irgendwie so nebenher. Auf diese Weise schärfe ich meine Sinne und lerne mehr und mehr, ganz in der Gegenwart anzukommen. Vielleicht hat deshalb Mose am brennenden Dornbusch die Schuhe ausgezogen. Um mit allen Sinnen die Gegenwart des »Ich bin da« wahrzunehmen. Ein wenig kommt es mir vor, wie wenn es mir ab und zu gelingen würde, bei diesen ziellosen Spaziergängen das eine Sandkorn der Gegenwart zu spüren.

Vielleicht hat deshalb Mose am brennenden Dornbusch die Schuhe ausgezogen. Um mit allen Sinnen die Gegenwart des »Ich bin da« wahrzunehmen.

Und so lerne ich. Vom Sand. Von der Uhr. Von meinem Kind. Von den Mystikern. Von der Zeit. Vom Wind. Und von Mose am Feuer.

Die Gegenwart ist wie Sand zwischen den Zehen. Sie ist spürbar, sinnlich. Und zerrinnt doch so schnell. Wenn ich in ihr Heimat finden möchte, dann braucht es meine Konzentration.

Ich finde zu mir, komme an. Ich lehne mich zurück und daran an, was im Augenblick ist. Vielleicht ist weitergehen manchmal gar nicht nötig. Sondern stehen bleiben.

HEIMATHAFEN

- Wann war dein letzter Kairos-Moment? Hast du die Chance ergriffen?
- Welche Zeitfresser hindern dich daran, in der Gegenwart zu Hause zu sein?

KAPITEL 7

Gefährten – Zu Hause in Beziehungen

Die Reise in unser Heimatland machen wir für uns selbst, aber nicht alleine. Heimat bedeutet, Gefährten und Vertraute zu haben, die mit uns auf dem Weg sind. Ich nenne sie Heimatmenschen. Sie reisen mit uns in unser Zuhause, kennen und schätzen es. Sie engen uns nicht ein. Wir brauchen keine Rollen zu spielen. Sich anderen zu öffnen und selbst Menschen mitzunehmen – das ist der nächste Schritt auf unserer Reise. Wie werden wir zu guten Gefährten und welche Gefährten begleiten uns auf unserer Reise? Bei wem können wir ganz wir selbst sein?

Es glitzerte uns in tausend Farben entgegen. Die Sonnenstrahlen brachen sich an den Eis- und Schneekristallen am Boden. Im Tal das Meer, vor uns die schneebedeckten Gipfel. Die Lofoten, eine Halbinselkette in Norwegen, hatten uns in ihren Bann gezogen. Mein Mann und ich waren glücklich. Wir bestiegen mit unseren Skiern Gipfel für Gipfel. Das Wetter war perfekt. Die Abfahrten wunderbar. Der Schnee: ein Pulvertraum. Es wurde Nachmittag. Nach einer Pause wollten wir noch einen letzten Gipfel besteigen. Dazu schnallten wir die Felle unter die Skier, lösten die Bindung und gingen dann über einen Kamm an einem schmalen Grat entlang. Links von uns das Meer. Rechts von uns eine felsige Bergarena mit steilen Abhängen. Ich war im Glück. Sonne. Schnee. Ski. Bewegung. Bis diese grauen Wolken vom Meer her kamen. Mein Mann war schon immer der

Realistischere von uns beiden. Ich wollte unbedingt noch auf diesen Gipfel. Er wollte umdrehen.»Dann geh ich alleine!«, rief ich und zog weiter. Er folgte in wütendem Abstand. Ich drehte mich um, um ihm etwas durch den aufbrausenden Wind zuzurufen. Ich weiß nicht einmal mehr, was ich sagen wollte. Ein Windstoß, Harsch unter meinen Fellen, eine Unachtsamkeit. Ich begann zu rutschen. In Richtung der Felsen, die tief in den Abgrund führten. Ein Ski löste sich. Rutschte und fiel krachend ins Tal. Der zweite Ski folgte. Verzweifelt schrie mein Mann. Ich drehte mich auf den Bauch. Mit meinen Handschuhen und den Skischuhen krallte ich mich verzweifelt ins Eis. Zum Stehen kommen war die einzige Chance. Und wirklich. Auf einem eisigen Felsvorsprung kam ich auf allen vieren zum Stehen. Unter mir der klaffende Abgrund, über mir ein brüllender Ehemann. Zentimeter für Zentimeter schob ich mich hinauf in Richtung des Bergkamms. Oben angekommen nahm mich mein Mann in die Arme. So fest hatte er mich noch nie gedrückt:»Tu das nie wieder! Ich liebe dich!«

Abenteuer hin oder her. Du musst nicht solche Dummheiten machen wie ich dort im Eis der Lofoten, um die Wahrheit zu entdecken: Es ist entscheidend, gute Gefährten zu haben! Sie besteigen mit uns die Gipfel des Lebens. Sie genießen mit uns die Sonnenseiten. Sie erleben mit uns Abenteuer, teilen das Leben und Leidenschaften. Gute Gefährten warnen uns vor Gefahren. Und: Gute Gefährten nehmen uns auch dann noch in den Arm, wenn wir eine Dummheit begangen haben. Oder alles verloren haben. Sie steigen mit uns hinunter ins Tal und trösten uns. Menschen können Heimat sein. Und uns helfen, unsere eigene Heimat zu finden.

Gute Gefährten nehmen uns auch dann noch in den Arm, wenn wir eine Dummheit begangen haben.

Solche Gefährten können Freunde, Partner, Mentoren, Familienangehörige, Kolleginnen und Vereinskameraden sein. Entscheidend ist, dass du bei ihnen ganz du selbst sein kannst. Welche Personen sind für dich Heimat?

Sie singen und sprechen für ihn. Sie feiern Erfolge mit ihm. Und: Sie üben harte Kritik an ihm. Mose wurde beauftragt, eine neue Heimat einzunehmen. Aber er ging nicht alleine. Ihm wurden Weggefährten zur Seite gestellt: zum Beispiel Aaron und Mirjam. Mose traute es sich nicht alleine zu, das neue Land einzunehmen. Außerdem fehlte es ihm an Worten. Als ihn der Mut verließ, kam ihm sein Bruder Aaron entgegen (2. Mose 4,14). Er wurde ein loyaler Gefährte und fand die richtigen Worte. Eine andere Weggefährtin war Mirjam. Die Schwester Moses sang aus voller Kehle über den gemeinsamen Erfolg, nachdem sie durch das Schilfmeer gezogen waren (2. Mose 15,20-21). Die beiden waren aber auch kritische Kameraden, die Mose und seinen Führungsstil infrage stellten (4. Mose 12). Gott selbst wies sie dabei in die Schranken. Die drei wurden trotz des Scheiterns und des Streits später als die Leiter bezeichnet, die das Volk aus der Sklaverei führten (Micha 6,4). Mit diesen beiden Weggefährten, die gleichzeitig seine Geschwister waren, erlebte Mose die Abenteuer der Wüste. Bei allen Problemen (2. Mose 32,8) hielten sie als Gefährten zusammen. Sie standen füreinander ein und blieben der Verheißung, das Volk in das gute Land zu führen, treu. Gleichzeitig machte Mose sich nicht abhängig von seinen Gefährten. Den Fokus hielt er auf Gott gerichtet. Seine erste Treue galt ihm.

Auf dem Weg ins verheißene Land werden wir auch durch die Wüste kommen, wie Mose. Gerade dann brauchen wir gute Gefährten. Wir brauchen sie in doppelter Hinsicht: als Mutmacher und als Gefahrenwarner. Aaron war für Mose zum einen Fürsprecher, zum anderen Kritiker. Und wir brauchen Menschen, die mit uns an der Verheißung festhalten und sich mit uns über unsere Erfolge freuen, wie Mirjam. Unsere erste Treue gilt dem Heimatstifter. Aber an unserer Seite sind Mutmacher, Berater, Anfeuerer.

Auch Jesus hatte solche Gefährten. In der dunkelsten Krise, im tiefsten Tal seines Lebens, bat er sie, mit ihm zu wachen (Matthäus 26,41). Obwohl sie scheiterten, blieb er ihnen treu. Außerdem schickte

Jesus seine Jünger zu zweit aus (Lukas 10,1-9). Er sammelte Menschen um sich und vertraute sich in der Not seinen Jüngern an. Er weinte und mutete ihnen zu, das auszuhalten (Markus 14,32).

Kennst du Heimatmenschen? Hast du einen »Aaron« und eine »Mirjam« im Leben? Es sind Vertraute oder Personen, die du zu Vertrauten machst. Du lässt sie in dein Herz blicken. Du musst bei ihnen keine Rolle spielen. Solche Gefährten wollen gefunden werden. Manchmal kostet es Zeit und Kraft, in Beziehungen zu Heimatmenschen zu investieren. Vielleicht hast du Glück und deine Herkunftsfamilie ist dir Heimat. Vater, Mutter, Geschwister können Zuhause sein. Oder dein Partner oder deine Partnerin. Du findest solche Menschen aber auch in deiner Gemeinde.

Es gehört zu den Aufgaben und Privilegien, dass wir die Reise in die Heimat nicht auf uns alleine gestellt antreten, sondern mit Gefährten. Mit Menschen, die es gut mit uns meinen.

Zwei besondere Formen der Weggemeinschaft möchte ich herausgreifen. Zum einen möchte ich ein paar Worte über Freundschaft, zum anderen über Mentoring sagen.

KAMERADEN UND FREUNDINNEN

Einen Freund zu haben ist das Eingeständnis, dass ich es nicht alleine schaffe, dass ich einen anderen brauche. Geht es dabei vielleicht sogar um Demut und Lernbereitschaft? Freundschaft ist Ehrlichkeit und die Sehnsucht, das Leben zu teilen. Freundschaft ist, sich jemandem zuzumuten. Ich denke an diese tiefe Vertrautheit von Menschen, die miteinander durch das Leben gehen. Nicht nur an eine Zweckgemeinschaft, wenn man ein Hobby teilt oder denselben Hauskreis besucht. Ein Freund ist vielmehr der Seelenort, an dem man nichts mehr darstellen oder sich profilieren muss. Freundschaft ist der Ort, wo jeder Stolz abfällt.

Wie oft sind wir damit beschäftigt, die Beziehung zu Menschen daran zu messen, ob sie uns »weiterbringen« oder der Kontakt möglichst »attraktiv« ist. Doch in den Wüstenzeiten, den dunklen Stunden der Wanderung, brauchen wir tiefe und tragfähige Beziehungen. Ich selbst habe mich in meiner Dunkelheit vor einigen Jahren meiner Freundin zugemutet. Ich habe es ausgehalten, sie »in Anspruch« zu nehmen. Ich habe sie zu allen Tages- und Nachtzeiten angerufen und stundenlang geweint. Ich habe in Worte gepackt, was meine Seele durchmacht, und sie hat sich Redeschwall für Redeschwall angehört. Und sie hat gebetet. Weil ich nicht mehr beten konnte.

Als wir dann vor einiger Zeit umgezogen sind, haben wir unseren Freunden zugemutet, uns zu helfen. Wir haben sie um Hilfe gebeten und dann das Haus miteinander eingeweiht. Mehr als 70 Menschen haben wir in unser Wohnzimmer »gepresst« und mit ihnen einen kleinen Gottesdienst gefeiert. Sie haben uns gesegnet und uns Mut für das neue Umfeld zugesprochen. Diese Gemeinschaft von Weggefährten trägt uns als Familie und mich als Person. Sie ist für mich Herzheimat.

In einer herausfordernden Krankheitszeit habe ich meine engsten Freunde zusammengeholt und ihnen zugemutet, für mich und mit mir um Heilung zu beten. Sie haben mit mir geweint, sich alle Details meines körperlichen Befindens angehört und mit mir gebetet. Es ist für mich ein pures Privileg, mit solchen Menschen unterwegs zu sein.

Die tiefen, die treuen und verbindlichen Freundschaften leben von gelebter gemeinsamer Zeit, die auch den Alltag beinhaltet. Deshalb ist es gut, wenn sie auch geografisch und räumlich vor Ort sind. Manchmal muss es ein schneller Kaffee oder ein gemeinsames Bier am Abend sein. Das ist Heimat. Darüber hinaus haben wir Weggefährten, die nicht vor Ort sind. Auch diese Beziehungen pflege ich, auch auf sie bin ich angewiesen. Doch die geografische Nähe von Vertrauten ist nicht zu unterschätzen. Freundschaft hat auch etwas

Die tiefen, die treuen und verbindlichen Freundschaften leben von gelebter gemeinsamer Zeit, die auch den Alltag beinhaltet.

mit körperlicher Präsenz und Nähe zu tun, sie ist mehr als Vernetzung in sozialen Medien.

Ich habe mich gefragt, wie »Aarons« und »Mirjams« in meinem Leben zu Wort kommen. Wie kann ich bewusst mit solchen Gefährten das Leben teilen? Drei Möglichkeiten sind mir eingefallen.

WEGWEISER

Einmal bat ich meine besten Freunde und meine leiblichen Geschwister und meine Eltern um ein differenziertes Feedback zu mir. Ich habe sie um ihre Wahrnehmung meiner Person gebeten und ihnen folgende Fragen gestellt: »Was ist meine größte Stärke? Was ist meine größte Schwäche? Wo liegt das größte Potenzial, das ich vielleicht noch nicht entdeckt habe oder dringend ausbauen sollte?«

Es war ein mutiger Schritt und es hat mich Überwindung gekostet, diese Fragen zu stellen. Und: Es hat mich berührt, welche Antworten kamen; wie ehrlich diese waren. Meine Heimatsuche, die Erkundung meines Herzens und die innerliche Skizze meiner Herzenslandschaft wurden so bereichert und erweitert. Dazu mache ich dir ebenfalls Mut.

Wir werden einander »Aaron« und »Mirjam« durch Ehrlichkeit. Dadurch sind wir einander mehr als Freunde. Wir sind gemeinsam als Jüngerinnen und Jünger unterwegs, einander der »Christus im Bruder«[21].

DER FREMDE

Und es gibt andere wertvolle Gefährten. Ich nenne sie die »fremden« Wegbegleiter. Sie blicken mit einem anderen Horizont und einem neuen Wissen auf meine Herzenslandschaft. Damit öffnen sie mir die Augen. Ich bin deshalb mit Freunden unterwegs, die eine andere Lebenssituation, ein anderes Lebensalter, ein anderes Einkommen oder einen anderen Glauben und Kultur haben. Diese Weggemeinschaften pflege ich besonders. Sie wachsen nicht selbstverständlich.

So gehören zu meinem Freundeskreis: ein Buddhist, eine Studentin, die seit Langem Single ist, die Tankstellenbesitzerin in unserem

Ort, eine Iranerin, die ihre Familie alleine mit ihrem Gehalt versorgt, eine Ärztin, Mutter von vier Kindern und Ehefrau eines hochrangigen Politikers, ein junger Mann, der vor Kurzem aus dem Gefängnis entlassen wurde. Ich finde Heimat in ihrer Fremdheit. Entscheidende Dinge werden mir erst durch sie klar. Große Berge vor mir kommen mir plötzlich wie kleine Hügel vor und selbstverständliche Weggabelungen wie eine gewaltige Entscheidung. Das entsteht durch Fremdheit. Deshalb möchte ich mir fremde Wegbegleiter auf meiner Herzheimatsuche bewahren.

Hast du solche fremden Wegbegleiter?

ZU ZWEIT AUF DEM WEG

Mit einer Freundin teile ich eine besondere Beziehung. Wir treffen uns regelmäßig für einen gemeinsamen Austausch. Wir lesen ein kleines Stück in der Bibel. Aber nicht immer. Meistens erzählen wir uns, wie es uns geht, hören einander aufmerksam zu, um dann füreinander zu beten. Wir wissen voneinander und teilen unsere Gedanken rund um unsere Ehen, die Kinder und unsere Berufungen. Diese bereichernden Gespräche finden ca. alle vier Wochen statt und wir halten diese Termine frei und vereinbaren sie schon lange im Voraus. Wir stehen füreinander ein, fragen nach und fiebern mit. Wir ermutigen uns und oft gehen kleine Nachrichten zwischen uns hin und her.

Hältst du Ausschau nach einem Menschen, der dir ins Leben sprechen darf und mit dem du zu zweit unterwegs bist?

GEFÄHRTEN, DIE VOR UNS AUF DEM WEG WAREN

Neben diesen Gefährten gibt es weitere besondere Menschen, die schon länger unterwegs sind. Es sind Coaches, Mentoren und Leiterinnen und Leiter. Sie helfen uns auf dem Weg und hinterfragen uns an den entscheidenden Stellen. Über Mentoring und Coaching wird und wurde viel geschrieben. Eine weitere Entdeckung möchte ich dazulegen:

Als ich bei einer Konferenz der Lausanner Bewegung[22] für junge Leiter in Jakarta war, betrat eine kleine unscheinbare Frau die Bühne. Was sie sagte, traf mich. Ihre Worte waren nüchtern und klar und inspirieren mich zu diesen Zeilen. Sie sagte: »Jeder von uns braucht nicht einen, sondern drei Mentoren!«

DER ERSTE MENTOR

Wir alle brauchen einen Paulus. Das ist ein Mensch, der uns herausfordert und uns vor eine Aufgabe stellt (Apostelgeschichte 16,11; 1. Timotheus 1,18; 4,11 und 6,2b). Paulus traute Timotheus ein großes Amt zu (1. Timotheus 1,18; 4,11 und 6,2b). Und: Der Mentor Paulus wurde für den jungen Mitarbeiter zum Vorbild (2. Timotheus 3,11).

Wir alle brauchen so jemanden, der mehr in uns sieht, der eine bestimmte Gabe in uns hervorlockt und uns ermutigt. Einen Mentor, der uns herausfordert und von dem wir lernen dürfen. Manchmal überfordern uns diese Mentoren. Sie stellen uns vor schwierige Aufgaben und wir haben den Eindruck, sie muten uns zu viel zu. Wir reiben uns an ihren theologischen Aussagen, ihrem Lebensstil oder ihrem Charakter. Trotzdem gilt es, Lernende zu bleiben. Kluge Mentoren machen Platz für andere, lassen einen Nachfolger zum Zug kommen. Es sind Gefährten, die den Weg schon beschritten haben und freiwillig noch einmal umkehren, um einen anderen Menschen zu begleiten. Sie kennen sich aus und lassen trotzdem Raum, eigene Entdeckungen zu machen.

Manchmal gehen solche Mentoren auch nur ein kleines Stück Wegstrecke mit uns. Trotzdem geben sie entscheidende Impulse. Ein Satz, ein Wort, eine Handlung kann dazu führen, dass wir einen entscheidenden Schritt weiterkommen.

Hast du einen »Paulus« im Leben? Wer ist ein streitbarer Gefährte, der dich herausfordert und ermutigt? Ich mache dir Mut: Lerne von Menschen, die dich überfordern! Suche dir Menschen, die vorwärtsgehen, und bitte sie, dich ein Stück des Weges zu begleiten.

Neben einem Paulus brauchen wir auch einen Barnabas, der eigentlich Josef hieß. Von seinen Freunden wurde er aber Barnabas genannt. Das bedeutet: »Sohn des Trostes« (Apostelgeschichte 4,36). Er war treu und mutig. Er verkaufte seinen Besitz und gab das ganze Geld an die Gemeinde. Außerdem wird er als »Mann mit edlem Charakter« bezeichnet, der mit dem Heiligen Geist erfüllt war und einen festen Glauben hatte (Apostelgeschichte 11,24). Nach der Bekehrung des Saulus war Barnabas neben Hananias der Erste, der Paulus bei sich aufnahm. Er gab ihm Schutz und war ihm gegenüber loyal (Apostelgeschichte 9,24). So konnte Paulus in das bestehende Gemeindeleben in Jerusalem eingebunden werden und von dort aus seine Mission verfolgen. Barnabas begleitete Paulus auf der ersten Missionsreise als treuer Gefährte. Später kam es zum Streit zwischen den beiden und sie trennten sich (Apostelgeschichte 15,37). Er scheint also auch ein Kritiker des Paulus gewesen zu sein. Er war jemand, der auf Missstände hinwies, und nahm offensichtlich kein Blatt vor den Mund.

So einen Wegbegleiter wünsche ich mir. Ein treuer Mensch, der trotzdem ehrlich und offen hinterfragt, auf welchem Weg ich mich befinde. Wir brauchen Personen, die uns einen Rückzugsort bieten, wenn wir diesen nötig haben. Wir brauchen Mentoren, die uns an die Grenzen unserer Kraft erinnern und uns zwischendurch eine Pause gönnen.

> Wir brauchen Personen, die uns einen Rückzugsort bieten, wenn wir diesen nötig haben.

Hast du so einen »Barnabas« als Gefährten? Solche Mentoren sind oft gute Coaches, die dich über Jahre seelsorgerlich und in Fragen der Persönlichkeitsentwicklung weiterbringen.[23]

Mache dich auf den Weg! Suche Menschen, die treu sind, für dich beten und deren Loyalität du dir sicher sein kannst. Meine Mentorin, mein Großvater, meine Eltern, unser siebzigjähriger Kleingruppenleiter und auch mein Mann sind »Barnabasse« für mich. Sie erinnern mich ab und zu an meine Grenzen und bieten mir einen gesunden und sicheren Rückzugsort. Mit ihnen streite ich auch. Dennoch bin ich mir ihrer Zuneigung sicher.

Bete um einen Barnabas in deinem Leben! Wenn du eine Ahnung hast, dass sich hinter einem Menschen ein »Barnabas« versteckt: Frage diesen Menschen um Rat und bitte ihn um sein Gebet und seine Wegbegleitung.

DER DRITTE MENTOR

Als Drittes brauchen wir alle einen Timotheus. Timotheus war eine Art Ziehsohn von Paulus (Apostelgeschichte 16). Er wurde sein Wegbegleiter und unterstützte ihn bei seinen Reisen. Durch das Zuschauen und Dabeisein wird er viel gelernt haben. Timotheus wurde von Paulus hoch geschätzt. Ihm wurden mehr und mehr verantwortungsvolle Aufgaben übertragen, bis hin zur Leitung der Gemeinde in Ephesus (Philipper 2,20; 1. Timotheus 1,3 und 2. Timotheus 1,18). Paulus bezeichnete ihn als sein geliebtes und treues Kind (1. Korinther 4,17). Später wurde er eine Art »Partner von Paulus«.[24] Paulus ermutigte ihn, die Gabe, die in ihm steckte, wachsen zu lassen (1. Timotheus 4,14 und 2. Timotheus 2,6b). Er ermahnte ihn, gut mit seinen Kräften zu haushalten (1. Timotheus 4,16a), treu im Dienst zu sein (1. Timotheus 4,7) und trotz seines Alters ein Vorbild für andere Christen zu sein.

Klar ist, dass Paulus Timotheus' Mentor war. Aber es war auch umgekehrt. Wie Timotheus der Mentor von Paulus wurde, steckt voller Geheimnisse. Paulus hat einen jungen Menschen geprägt und ihm den Staffelstab weitergegeben. Die Botschaft des Paulus blieb deshalb relevant, weil er einen Menschen in seiner Nähe hatte, der die richtigen Fragen stellte. Der Jüngere kannte seine Generation besser als der Ältere, formulierte mit anderen Worten, stellte andere Fragen. Er belebte damit die Botschaft von Paulus.

Wir alle brauchen einen Timotheus in unserem Leben. Wir alle brauchen Menschen, die jünger sind und entscheidende Fragen stellen. Die aus einer anderen Generation kommen und die Botschaft relevant halten. Wir brauchen die Bereitschaft, von diesen jüngeren

Menschen zu lernen. Sie haben den frischen und unverbrauchten Blick. Und: Sie haben Feuer. Gott arbeitet immer wieder gerade mit besonders jungen Menschen, weil sie noch nicht vom Geist der Nüchternheit und der Erfahrung der Niederlage um Ideale beraubt wurden. Wir brauchen Menschen wie Timotheus um uns, die uns in Erinnerung rufen, was wirklich wichtig ist. Sie stellen schon mit ihrer Anwesenheit bestimmte Dinge infrage. Sie rufen in uns die Sehnsucht hervor, etwas Wichtiges zu hinterlassen.

Ich habe das Vorrecht, einigen jungen Frauen Mentorin sein zu dürfen. Doch am meisten lerne ich selbst bei diesen Mentorenschaften. Sie stellen Fragen, die entscheidend sind. Sie geben mir Einblick in ihre Welt, formulieren Dinge ganz anders und erinnern mich an die Leidenschaft Jesu. Eine junge Frau habe ich zu mir ins Team meines hauptamtlichen Dienstes geholt. Die wichtigen, entscheidenden Impulse kommen inzwischen von ihr. Ich gebe ihr mehr und mehr Verantwortung und bitte sie um Rat. Ich versuche eigene Entdeckungen an sie weiterzugeben und erfreue mich an ihrer wachsenden Bereitschaft, eine Leiterin zu werden und ihre Gaben einzubringen. Davon profitiere ich. Darin sehe ich Jesus.

Wann immer du die Gelegenheit hast, mit jungen Menschen zusammenzuarbeiten, tu es! Sei bereit, von ihnen zu lernen. Sie sind deine Mentoren. Sie sind es, die die Botschaft relevant halten und weitergeben. Hab Geduld mit ihnen, trau ihnen Großes zu und sei ihre Stärkung im Hintergrund.

Ein wunderbarer Leiter gab mir einmal den Ratschlag: »Manchmal warten wir so lange darauf, dass die Mitarbeitenden ›reif‹ für eine bestimmte Aufgabe sind, dass es sogar manchmal zu spät sein kann. Es ist wie mit einem Apfel: Wir können warten und warten, bis er noch reifer wird und schließlich fault, anstatt ihn zu pflücken und zu genießen.« Gerade deshalb gilt es, junge Menschen zu Weggefährten zu machen.

Wann immer du die Gelegenheit hast, mit jungen Menschen zusammenzuarbeiten, tu es!

Wer ist mit dir auf dem Weg hin zu deiner Herzheimat? Wer begleitet dich? Suche dir Heimatmenschen! Sie besteigen mit dir die sonnigen Gipfel und wandern mit dir ins Tal. An entscheidenden Stellen können sie Wegweiser und Proviantträger sein. Suche dir »Aaron« und »Mirjam«, die mit dir in die Herzheimat ziehen! Bleibe dem treu, der dich ruft, und nimm ernst, was die Gefährten auf dem Weg sagen!

HEIMATHAFEN

- Welche Menschen in deinem Leben schenken und sind dir Heimat?
- Welche Weggefährten fehlen dir? Wie kannst du konkret in Beziehungen investieren, damit tragfähige Weggemeinschaften wachsen?

KAPITEL 8

Verlassene Orte – Zu Hause in einer verwundeten Seele

Es stank erbärmlich. Immer wieder musste ich den Würgereiz unterdrücken. Der Gestank traf auf meinen leeren Magen. Wir begannen mit dem Aufstieg um drei Uhr morgens. Tagsüber sollte es einfach zu heiß werden. Ab und an war ein kleiner Seitenkrater zu sehen, aus dem übel riechender Rauch aufstieg. Die Route, die unser Führer ausgesucht hatte, war hart. Wege gibt es auf diesen Berg keine. Mitten in Afrika, Tansania, Arusha am Rande des Ngorongoro-Kraters liegt der aktive Vulkan Ol Doinyo Lengai. Die Massai sagen »Berg Gottes«. Kurz nach Sonnenaufgang waren wir oben. Eine atemberaubende Aussicht erwartete uns. Mehr aber auch nicht. Kein Tier, kein Geräusch, kein Strauch, kein Blatt, kein Gras. Nicht einmal der Wind schien sich zu regen. Nur Rauch. Stille. Bestialischer Gestank. Und später: Hitze.

Ein gottverlassener Ort. Ohne Leben. Nur innen drin brodelte es. Beheimatet war hier niemand. Besucht, geschweige denn bestiegen, wird dieser Vulkan nur selten. So schnell wie möglich begannen wir den Abstieg. Ich wollte nur weg. Unten angekommen war ich froh, an der frischen Luft und einer Quelle unweit des Fußes des bedrohlichen Berges zu sein. Wie kann man so einen gottverlassenen Ort »Berg Gottes« nennen?

Dieser Vulkan kommt mir immer in den Sinn, wenn ich an meine seelischen Verletzungen denke. Äußerlich sind Herzenswunden nicht sichtbar. Die Schmerzen, die sie auslösen, sind jedoch real. Wie die Lava unter der erkalteten Oberfläche des Vulkans brodelt es auch in mir. Manchmal ahne ich schon, dass es jederzeit »explodieren« kann. Und so modern Verletzungen, Enttäuschungen, Einsamkeit oder schlimme Erfahrungen in meiner Herzenslandschaft vor sich hin.

Solche Herzenswunden können geplatzte Zukunftsvorstellungen oder Versagen sein. Vielleicht hast du Gewalt erlebt oder ein geliebter Mensch starb. Oder er machte sich einfach aus dem Staub. Manchmal vergisst eine Freundin, eine Freundin zu sein. Und die Familie schert sich einen Dreck. Jeder trägt solche Verletzungen an seinem Herzen. Große oder kleine.

Beim Durchstreifen meiner Herzheimat stoße ich immer wieder auf solche verlassenen Orte. Ödland. Sie tragen entscheidend zu meiner Heimatlosigkeit bei. Hier blüht die Seele nie auf und diese Gegenden besuchen wir nicht. Es sind Orte, an denen wir keine Ermutigung, Bestätigung, Wertschätzung oder Liebe erfahren. Deshalb sind diese Herzensgebiete nicht fruchtbar.

Während meines Studiums hatte ich einen Job. Ich war mir sicher, dass dort die Berufung für mein Leben liegen würde. Voller Leidenschaft, mit vielen guten Ideen und erstaunlichem Erfolg baute ich ein Kooperationsprojekt auf. Irgendwann fanden mein Team und ich sogar Geldgeber, die bereit waren, dieses Projekt weiterzufinanzieren. Einer der Kooperationspartner meldete sich bei meinem Chef. Er wollte das Projekt. Er wollte die Kooperation. Er wollte die Gelder. Aber auf keinen Fall wollte er weiter mit mir zusammenarbeiten. Das saß! Damit war mein Job beendet und meine vermeintliche Berufung gleich mit. Ich war tief getroffen und schlimm verletzt. Dabei hatte ich doch so viel investiert! Auf einen Brief an die Verantwortliche habe ich nie Antwort erhalten. Noch Jahre später konnte ich nicht am Gebäude der ehemaligen Wirkungsstätte vorbeifahren, ohne dass der Schmerz und die Wut explosionsartig wieder hochkamen. Wie die heiße Lava eines Vulkans brodelten die Selbstzweifel, das Gefühl, versagt zu haben, und die Bitterkeit der Zurückweisung in mir. Das Thema »Berufung« war für mich damit eine ganz lange Zeit »Ödland«. Ich wollte und konnte darüber nicht nachdenken, geschweige denn mich für eine neue Sache öffnen.

Wo Ödland ist, wird eine Gegend unbewohnbar. Rund um den Vulkan in Tansania leben über weite Landstriche keine Menschen. Weil die Gegend unfruchtbar ist. Kennst du solche Herzenslandschaften? Gibt es Verletzungen, die in deinem Leben entstanden sind, an denen es nicht mehr blüht?

Da gibt es die verlassenen Städte. Mit Begeisterung und Hoffnung hast du Häuser der Zukunft aufgebaut. Du hattest ein inneres Bild vor Augen, wie es sein würde. Und du hast alles auf eine Karte gesetzt. Richtig viel investiert. Aber inzwischen stehen die Häuser leer und sind sich selbst überlassen. Ein Ereignis, ein Misserfolg, Verunsicherung und Rückschläge haben dich aus der Stadt vertrieben. Die Mauern liegen zerbrochen, Teile sind verbrannt. Die Stadt ist unbewohnbar.

Welche Träume liegen dort begraben? Welche Verluste hast du dort erlitten? Diese Fragen schmerzen. Sie zielen direkt in die inneren Seelenwunden. Es sind die Zweifel, ob das Leben es wirklich gut mit dir meint: »Bin ich eine Last? Bin ich gewollt und akzeptiert? Habe ich einen Fehler gemacht? Warum gehöre ich nicht dazu? Gibt es etwas an mir, das andere verunsichert oder abstößt?«

Weil diese Fragen so unangenehm sind, versuchen wir sie zu meiden. Wir versuchen die verlassenen Orte unseres Herzens zu vergessen. Aber sie gehören zum Inneren dazu. Du wirst nicht sesshaft in deiner Herzheimat, wenn du diese Landschaften ignorierst. Deshalb mache ich dir Mut, diese Orte der inneren Heimat zu finden und sie kennenzulernen.

Es geht dabei nämlich nicht nur um uns. Von diesem Ödland geht eine sonderbare und gefährliche Stimmung aus. Die unbesuchten Orte unserer Seele können große Auswirkungen auf das Leben unserer Gefährten und Mitmenschen haben. Wer verlassene Orte in sich trägt, trägt auch dazu bei, dass bei anderen solche Orte entstehen. Wer selbst eine verwundete Seele hat, der verletzt oft auch andere. Meistens kommen gerade die Menschen, die einem besonders lieb und wertvoll sind, mit den Brachflächen, den Vulkanen und den unfruchtbaren Gegenden in Kontakt. Wir lösen in ihnen einen Krieg aus oder die anklagende Lava unserer Schuld überflutet auch ihre Herzenslandschaft. Unsere Kinder, Partner, Freunde wissen oft sehr genau um die verseuchten Flächen. Und sie spüren die Stimmung dieser Gegenden. Das ist ein Grund dafür, warum sich zum Beispiel Gewalterfahrungen von Generation zu Generation durchziehen. Die einsamen, verwundeten Orte des Herzens wurden nie besucht oder geheilt und damit übertragen sich solche Seelenverletzungen.

Deshalb ist es so wichtig, auch in den Seelenwunden zu Hause zu sein. Wer in sich Heimat genommen hat, der kennt die Wüsten, Vulkane, Minen, Friedhöfe und unfruchtbaren Gegenden. So wird er nicht mehr zur Gefahr für andere und verletzt sie viel weniger.

Wie aber können wir durch diese Landschaften ziehen, ohne uns überfordert abzuwenden? Wie gelingt es uns, den Anblick der Wüste der Einsamkeit zu überstehen? Wie können wir Heimat in uns nehmen trotz der unfruchtbaren Gegenden in unserem Herzen? Ich sehne mich danach, mehr und mehr auch mit den verlassenen Orten meiner Seele vertraut zu sein. Ich möchte wissen, warum die Stätten so einsam sind. Möchte sie wandernd und beobachtend durchstreifen. Und ich möchte davon träumen, dass es dort wieder blüht.

ZURÜCK IN DIE ZERSTÖRTEN STÄDTE UND ZU DEN BRACHLIEGENDEN FELDERN

Mir hilft der Blick zum heimatlosen Volk Gottes. Jerusalem wurde im Krieg, nach einer langen Belagerung von dem babylonischen Heer, total zerstört. Der in Jerusalem herrschende König Zedekia hatte seinen Feind Nebukadnezar so herausgefordert, dass dieser auch den Tempel der Stadt vollständig und mit aller Gewalt zerstören ließ. Die Bewohner wurden deportiert und verloren so ihre Heimat. Damit war das Reich Juda im Jahr 587 v.Chr. untergegangen. Seine Städte lagen zerstört und verbrannt (Jesaja 6,11-13). Ruinen standen dort, wo früher Häuser und Schutzmauern waren. Die Landwirtschaft war zum Erliegen gekommen. Es wuchs kaum noch etwas in der Heimat von damals. In traurigen Bildern beschrieben Besucher die einst blühende Landschaft und die niedergegangenen Städte: »Die Menschen in der Provinz Juda, die der Verschleppung entgangen sind, leben in großer Not und Schande. Die Stadtmauer Jerusalems liegt in Trümmern, die Tore sind durch Feuer zerstört« (Nehemia 1,3; GNB). Die wenigen Bewohner, die zurückgelassen wurden, hausten in den Trümmern, auf dem offenen Land und in Höhlen (Hesekiel 33,27). Ansonsten war das Land einsam, verwaist und verwahrlost (Jeremia 44,2).

Fast fünfzig Jahre nach der Totalzerstörung – inzwischen herrschten die Perser mit dem König Kyros – erhielten einige Judäer die Erlaubnis, den Tempel in der Geisterstadt aufzubauen. Der Dienst dort sollte wieder aufgenommen werden. Noch einmal achtzig Jahre später kam der Priester Esra mit einer Gruppe von Leviten und Bauleuten, um den Dienst am Tempel ordnungsgemäß durchzuführen und das Leben der Hinterbliebenen zu regeln. Weitere dreizehn Jahre vergingen. Ein hochgestellter Beamter mit Namen Nehemia durfte in seine Heimat zurückkehren. Auch er brachte einige deportierte Judäer mit. Ihr Ziel war es, die Stadtmauer und später die Stadt wieder aufzubauen. Was Esra und seine Vorgänger mit dem Tempelbau als »innerem Wiederaufbau« betrieben hatten, führte Nehemia mit dem Aufbau der Mauer im »äußeren Wiederaufbau« fort. Immer wieder wurden sie dabei von Feinden verunglimpft und am Aufbau gehindert. Aber nach und nach gelang es ihnen. Mit dem Aufbau wurden Reformen und neues soziales Leben in der Heimat möglich. Die ausführliche Geschichte wird in den biblischen Büchern Esra und Nehemia beschrieben.

Von Nehemia und seiner Geschichte will ich lernen. Und von Menschen, die mir geerdet und beheimatet vorkommen. Wie kann ich dem Ödland in meinem Herzen begegnen? Wie kann ich in die Heimat zurückkehren? Fünf Punkte sind mir dafür wichtig geworden.

1. BESUCHE DEINE VERLASSENEN ORTE!

Besuche die verlassenen Orte in dir! Fang an, der Wahrheit ins Auge zu sehen. Benenne die Verluste, die du erlitten hast! Wo nötig und möglich: Gehe an den äußeren Ort des Geschehens, um dir der Zerstörung in dir bewusst zu werden. Es wird wehtun und Kraft kosten. Vielleicht ist es gut, diesen Schritt mit einer vertrauten Person zu tun. Findest du Worte für das, was in deinem Herzen zerstört ist? Kannst du benennen, wo dich Einsamkeit, Verlust und Trauer prägen? Im Bild gesprochen: Durchstreife die unfruchtbaren Gegenden! Setz dich an den Rand des Vulkans der Schuld und betrachte ihn!

Nehemia hat nichts anderes getan. Er besuchte zunächst die zerbrochene Stadt und untersuchte den Zustand der Mauern Jerusalems. Das tat er ganz genau. Dafür nahm er sich viel Zeit (Nehemia 2,11-15). Vertraute Menschen begleiteten ihn (Nehemia 2,12). Einen Großteil seiner »Bestandsaufnahme« machte er nachts. Vielleicht wird es auch um dich zunächst einmal dunkel, wenn die Wahrheit über die zerstörten Städte in dir aufkommt?

2. KLAGE!

Der Besuch der zerstörten Stadt geht bei Nehemia mit der Trauer einher. Schon bevor er sich selbst ein Bild gemacht hatte, trauerte er mit dem heimatlosen Volk Gottes, den deportierten Judäern, um ihre Stadt und das umliegende Ödland (Nehemia 1,4). Nach seiner Ankunft im zerstörten Jerusalem und nach seiner Bestandsaufnahme weinte er tagelang. So wende auch ich mich meinen inneren Ödlandschaften zu, den verlassenen Orten, und stimme in die Klagelieder ein. Es sind heilige und ehrliche Worte, mit denen das Vergangene beklagt wird. Trauere an den Gräbern des Verlusts! Weine um die zerbrochenen Mauern deiner Zukunftspläne! Vielleicht kommt dir diese Übung sonderbar vor. Ich bin aber davon überzeugt, dass sie zur Heilung beiträgt. Wie schnell sind wir in der Versuchung, einen

Umstand »wegbeten« zu wollen. Oder wir meinen, dass schon alles in Ordnung sei. Dass es doch nicht so schlimm sei. Es ist schmerzhaft, der Einsamkeit, der Schuld, der Reue, den verpassten Gelegenheiten und den Verletzungen unserer inneren Heimat ins Auge zu sehen. Und es wird Zeit brauchen. Aber ich möchte dir Mut machen, zum Beispiel mit den Klageliedern zu beten. Dafür kannst du Worte wie diese benutzen:

Ach, wie einsam und verlassen liegen meine Zukunftsträume da. Die Stadt der Hoffnung ist zerstört. Ich weine die ganze Nacht, die Tränen laufen mir übers Gesicht. Unter all meinen Freunden ist niemand, der mich in meinem Schmerz tröstet. Alle Freunde haben mich betrogen und sind zu Feinden geworden! Mein Herz wohnt in der Fremde und findet auch dort keine Ruhe; seine Verfolger haben es überfallen, als es sich nicht wehren konnte. Die Wege, in den einsamen Stunden meines Herzens, sind verödet, weil niemand mehr zu den Festen hinaufzieht. Sehnsüchtig denke ich zurück an die Schätze, die mein Herz in sich trägt. Ich habe auch große Schuld auf mich geladen, nun schüttelt man den Kopf über mich. Vor Scham möchte ich am liebsten mein Gesicht in den Händen verbergen. Nun bin ich tief gefallen – und keiner ist da, der mich tröstet.»Ach, HERR«, flehe ich,»sieh mein Elend an und hör doch, wie es mir geht!« (nach Klagelieder 1,1-9; HFA).

Selbstverständlich kannst du genauso andere Worte benutzen. Vielleicht greifen auch die Bilder der inneren Landschaft zu kurz. Möglicherweise sind deine Verletzungen so tief, dass du sie nicht beim Namen nennen kannst. Ich bin überzeugt davon, dass jeder Mensch einsame und verödete Plätze in seinem Herzen hat. Bei manchen haben große und schwere Erlebnisse dazu geführt. Bei anderen geht es um Verletzungen aus der Kindheit oder Kränkungen der Gegenwart. Fest steht: Wer die öden Landschaften kennt und um seine Schwachpunkte, Verletzungen und Schuld weiß, der ist ihnen nicht länger ausgeliefert.

Allerdings gibt es Seelen-Wunden, wo das Klagen nicht reicht. Es gibt Ödland im Herzen, das dringend auch von außen betrachtet werden muss. Dabei helfen professionelle Therapeuten, Seelsorger oder Ärzte. Der Glaube hilft auf dem Weg. Schwere und große Verletzungen sollten unbedingt von erfahrenen Menschen mit bearbeitet werden. Das gilt vor allem bei klinischen Störungen wie Depressionen, Angstzuständen, Panikattacken, Psychosen usw.

Wer die öden Landschaften kennt und um seine Schwachpunkte, Verletzungen und Schuld weiß, der ist ihnen nicht länger ausgeliefert.

Oft ist es hilfreich und gut, die Stätten der Trauer, Verletzung und Einsamkeit nicht alleine zu begehen und zu betrauern. Teile deine Erlebnisse! Versuche Worte für das zu finden, was sich in deinem Herzen breitgemacht hat. Berichte einem Mentor, einem Freund, Therapeuten, Seelsorger oder einem Menschen, dem du vertraust, davon! Nehemia hat sich bei der Besichtigung der Mauern des zerstörten Jerusalem engste Vertraute mitgenommen (Nehemia 2,12). Auch das dient mir zum Vorbild.

3. BAUE EINEN ALTAR!

Ich lerne weiter von Esra und Nehemia, wenn es um die verlassenen Orte geht. Bevor die Bauleute ans Werk gehen, lange bevor die Stadt aufgebaut ist, führen die Heimkehrer den Tempeldienst wieder ein. Sie bauen einen Altar, um dort Gott zu begegnen (Esra 2,70). Ganz ähnlich sollen auch wir Herzensaltäre aufbauen und erst dann über Heilung und Wiederaufbau nachdenken. Mitten hinein in die Einsamkeit, die verlorenen Hoffnungen, die Verletzungen und die schwierigen Beziehungen können wir Gottes Gegenwart sprechen. Dort, in den öden Landschaften, entstehen auf diese Weise Herzensaltäre. Wir laden Gott selbst dorthin ein. Gerade an diesen Stellen, die bearbeitet werden müssen, wollen wir Gott begegnen. Wer weiß? Vielleicht wartet er dort schon lange auf uns?!
Wie geht das konkret? Wie kann dieser Heilungsprozess in Gang

kommen? Noch einmal mache ich dir an dieser Stelle Mut, dir gute und professionelle Hilfe zu holen, wenn es um die großen Themen geht. Mit Unterstützung in Form von Psychotherapeuten oder professionellen Seelsorgern können diese Heilungsprozesse gut und hilfreich in Gang kommen.

Daneben hilft es mir, das Ödland im Herzen Gott ganz bewusst hinzuhalten: Ich nehme mir Zeit. Suche mir einen Ort, an dem ich mich sicher fühle. Vor meinem inneren Auge hole ich mir eine Landschaft heran, die ich bearbeiten möchte, und lade Jesus dorthin ein. Ich sage: »Guter Gott, Heimatstifter, ich möchte dir hier einen Altar bauen. Komm in die Einsamkeit meines Herzens. Ich möchte dir hier begegnen. Ich möchte gerne, dass du in mir bearbeitest, was ich selbst nicht bearbeiten kann. Bitte kümmere du dich um meine einsamen Herzenslandschaften und die öden Orte. Bitte kümmere dich um meine Vulkane, Minen und Gräber! Ich brauche dich!« Ich spüre die Trauer und den Schmerz, die mit einem Ereignis, einer belasteten Beziehung oder einer zerstörten Hoffnung verbunden sind. Und trotzdem: Gerade hierhin lade ich Jesus ein. Ich baue ihm, im Bild gesprochen, einen Altar. Ich bin überzeugt davon, dass er nichts lieber tut, als dort nach und nach heimisch zu werden und die Gegend umzugestalten.

Es wird Zeit brauchen, wiederhole diese Übung daher immer wieder. Du lieferst dich damit dem Auferstandenen und dem Gärtner aller Gärten aus! Er macht heil und hat die Kraft, Wüsten zum Blühen zu bringen.

Und so beginnt er sanft, die Orte in mir, die einsam, schmerzvoll und öde sind, zu berühren. Er möchte genau dort beginnen. Mit Heilung und später mit Umgestaltung. Es muss ja nichts vorbereitet sein. Mitten im Trümmerfeld reicht ein einfaches Gebet. Es kann so zum Altar, zur Erinnerung an die Gegenwart Gottes in der Einöde, werden. Damit ist der Anfang gemacht und der Prozess der Umgestaltung kann beginnen.

4. ERKENNE INNERE UND ÄUSSERE FEINDE!

Immer wieder hatten Nehemia und Esra Probleme mit Feinden. Sie kamen, um zu lügen und zu verleumden. Sie schrieben Briefe mit falschen Anschuldigungen an Xerxes und andere Herrscher (Esra 4). Sie verurteilten den Tempelbau und stifteten Verwirrung unter den Bauleuten (Nehemia 4,2). Sie suchten Streit und waren gnadenlos, wenn ein Fehler passierte (Nehemia 4,17). Vielleicht gibt es auch in deinem Leben solche Feinde. Sie begegnen dir als Menschen, die dich kleinreden, dich übersehen oder dich mit Vorwürfen überhäufen. Es gilt, sie zu erkennen. Manche erscheinen auch als Freunde. So war es bei Nehemia. Einige Feinde, getarnt als Freunde, versuchten ihm eine Falle zu stellen. Sie streuten Gerüchte über ihn und wollten ihn damit in die Enge treiben (Nehemia 6,6-7). Doch Nehemia durchschaute das Spiel. Er begegnete den Feinden mit der Wahrheit und sprach sie aus. Statt sich irritieren zu lassen, hielt er an seiner Berufung fest.

Neben diesen »äußeren Feinden« gibt es auch die »inneren Feinde«. Sie stellen Fragen und falsche Behauptungen auf. Sie reden mir Dinge ein wie: »Sollte Gott wirklich gesagt haben, dass er dieses Land wieder bewohnbar machen wird? Es lohnt sich nicht, deine inneren Verletzungen anzuschauen! So schlimm ist es auch wieder nicht! Damit wirst du auch alleine fertig!« Sie kommen oft gerade in Situationen, die an verletzende Geschehnisse erinnern. Da sind sie besonders unbarmherzig. Außerdem begegnen sie dir in schwierigen Beziehungen und machen Vorwürfe. Wenn Selbstzweifel und innere Stimmen dich niederdrücken, dann hast du es mit inneren Feinden zu tun.

Ich spreche die Wahrheit aus: Gott möchte Heimat in mir nehmen.

Was hilft dabei, den inneren und äußeren Feinden zu begegnen? An den Herzensaltären und damit in der Gegenwart Gottes mache ich mir bewusst, was mein Ziel war und ist. Ich spreche die Wahrheit aus: Gott möchte Heimat in mir nehmen. Er sehnt sich danach, dass meine Herzenslandschaft fruchtbar ist und wird. Er möchte mich heilen und mit den seelischen Verletzungen fürsorglich umgehen. In dieser Gewissheit kann ich erhobenen Hauptes inneren und äußeren Feinden begegnen. Ja, sie sind Realität. Jeder, der behauptet, es würde sie nicht geben, wiegt sich in falscher Sicherheit. Es gibt sie, aber wir können sie mit den Waffen der Wahrheit schlagen.

5. LASS DAS LAND BEARBEITEN!

Mit der Einladung, dass Gott in deiner verletzten Seele arbeiten darf, baust du einen »Herzensaltar«. Danach beginnt ein langer Prozess. Gott möchte deine Wüsten der Einsamkeit zum Blühen bringen! Er möchte die zerstörten Träume wiederbeleben und neue Hoffnung keimen lassen! Tief sieht er in die Vulkane deiner Schuld. Er ist der Einzige, der die Lava der Anklage stoppen und erkalten lassen kann! Ja, er bringt ganze Vulkanlandschaften zum Stillstand. Und die Gegenden deines Herzens, die von dir als unbrauchbar und unbewohnbar beschrieben werden, möchte er besonders gern bearbeiten. Er möchte dort ja zu Hause sein. Vielleicht gibt es sogar Gegenden in dir, die du selbst nicht beschreiben kannst. Du fühlst den Schmerz, die Einsamkeit und Einöde. Aber du kennst den Grund dafür nicht oder du möchtest diese Brachfläche in dir nicht begehen. Lass genau diese Herzenslandschaften von Gott bearbeiten! Liefere sie ihm aus! Lade ihn dorthin ein! Gott geht mit auf diesem Weg: Sein ureigenes Interesse ist es, diese Flächen bewohnbar zu machen. Er möchte heilen, gesund pflegen und umgestalten. Seine Verheißung gilt für deine Herzenslandschaft!

Die Wüste wird sich freuen und das dürre Land wird jubeln. Die Steppe wird fröhlich singen und aufblühen wie ein Meer von Narzissen. Stärkt die kraftlosen Hände! Lasst die zitternden Knie wieder fest werden! Sagt denen, die sich fürchten: »Fasst neuen Mut! Habt keine Angst mehr, denn euer Gott ist bei euch! Gott selbst kommt, um euch zu retten.« In der Wüste brechen Quellen hervor, Bäche fließen durch die öde Steppe. Teiche entstehen, wo vorher heißer Wüstensand war. In der dürren Landschaft sprudelt Wasser aus dem Boden (Jesaja 35,1-7; gekürzte und veränderte Fassung der Autorin).

In meiner Vorstellung gehe ich mit Jesus selbst zu den Einöden, Wüsten, Vulkanen und dem unfruchtbaren Land. Er weiß um diese verlassenen Orte. Er kennt sie besser als ich. Er ist derjenige, der sie urbar macht, Gärten anlegt und die Wüste blühen lässt. Das kann ich nicht tun. Er kann die Mauern wieder aufbauen und ganze Zukunfts- und Hoffnungsstätten in mir aufrichten. Er – nicht ich – wird mit den dunklen Seiten meines Herzens fertig. Er sehnt sich nach Heimat an genau diesen Orten. Für mich gilt also, sie ihm zur Verfügung zu stellen. Ich möchte mich ihm ausliefern. Er wird an der Herzheimat arbeiten. Er wird heil machen und behutsam und klug die Stellen bearbeiten, die es so nötig haben. Dabei geht er nicht aggressiv vor. Es wird Zeit brauchen.

Gott selbst setzt sich den vermoderten Gerüchen und der heißen Schuldlava aus. Er kennt die Wüste der Einsamkeit. Und an den Schädelstätten wartet der Auferstandene!

Weil er an diesem Land arbeitet, lerne ich nach und nach, dort zu Hause zu sein. Meine Wunden, Vergangenheit und Einsamkeit gilt es nicht zu bekämpfen. Ich darf sie annehmen und mit ihnen vertraut werden. Einer lebt ja dort und kümmert sich darum. Und mehr und mehr lasse ich die Fragen zu: »Wie konnte diese Landschaft entstehen?

An den Schädelstätten wartet der Auferstandene!

Was ist die gute Sehnsucht dahinter? Welcher Mangel soll gestillt werden?« Schmerz und Sehnsucht, Einöde und der verzweifelte Versuch, reiche Früchte zu bringen, bedingen sich oft. Schmerz führt zur Sehnsucht. Auf diese Weise kann Vergebung geschehen. Nicht schnell und auch nicht mit frommen – zu oberflächlichen – Worten. Vergebung kommt oft langsam, aber sie geht tief. Vielleicht ist sie wie ein guter Dünger, der nachhaltig und entsprechend der Bodenbeschaffenheit aus einem trockenen Boden eine fruchtbare, gute Erde werden lässt.

So wird Rückkehr in die Heimat möglich. Wie bei Nehemia können wir dann nach und nach beginnen, uns einzugewöhnen, sicherer zu werden, und den Dingen beim Wachsen zusehen.

Die Geschichte Nehemias und Esras geht weiter. Nach und nach kommen immer mehr Deportierte nach Hause. Sie werden heimisch. Irgendwann braucht es sogar feste Regeln des Zusammenlebens. Und mehr noch: Die Weinberge tragen nach einigen Jahren wieder reiche Früchte. Die Felder werden bestellt. Immer weniger Trümmer sind zu sehen und die Zeichen des Krieges sind kaum noch erkennbar. Das Volk Gottes wird die Einöde, die Einsamkeit und die Fremdheit jedoch niemals vergessen. In den großen Verheißungen für die Rückkehrer in die alte Heimat steckt ein wunderschöner Vergleich. »Was von Davids Königshaus noch übrig bleibt, gleicht einem abgehauenen Baumstumpf. Doch er wird zu neuem Leben erwachen: Ein junger Trieb sprießt aus seinen Wurzeln hervor« (Jesaja 11,1; HFA). Obwohl das Volk so eine erniedrigende und schwere Geschichte hinter sich hat, gilt die Verheißung: Es wird wieder grünen! Neues wird wachsen.

Das Volk Gottes bekommt sogar nach und gerade mit seiner schweren Geschichte eine besondere Berufung. Es soll zum Frieden und zur Heimat für andere werden. Durch das ganze Alte Testament gilt den Fremden eine besondere Fürsorge.[25] Aus dem heimatlosen Volk wird der König des Friedens, der Heimatstifter selbst, kommen (Jesaja 11,2-10).

Es steckt ein Geheimnis dahinter. Mitten in der Gebrochenheit lässt Gott etwas Neues wachsen. Wenn wir an einem besonders einsamen Ort heimisch werden können und unsere Herzenswüste blühen wird, dann können wir auch für andere Heimat werden. Wir können sie ermutigen, ihnen auf ihrer Heimatsuche helfen, Seelsorger und Förderer werden. Der niederländische Priester Henri J.M. Nouwen spricht vom »verwundeten Heiler«[26].

Mitten in der Gebrochenheit lässt Gott etwas Neues wachsen.

Ein Mensch, der einen guten Umgang mit seinen inneren Einöden und Vulkanen pflegt und der Gott bei der Bepflanzung der neuen

Heimat zusehen durfte, kann diese Hoffnung weitergeben. Gott hat sich noch nie daran hindern lassen, gerade mit den Menschen Geschichte zu schreiben, die eine schwere Vergangenheit hatten, große Schuld auf sich geladen haben oder eine Wüste der Einsamkeit im Herzen tragen. Immer wieder bete ich deshalb die Worte nach Psalm 80:»Lass dein Antlitz leuchten, so ist mir geholfen.« Wenn es wahr ist, dass wir durch die Wunden des Heilers selbst heil werden können, dann gibt es für mich als Herzensflüchtling Hoffnung (Jesaja 53,5). Wenn es stimmt, dass Gott die Wüste zum Blühen bringt, dann gibt es für meine Einöden des Herzens ein Blumenmeer, und aus unfruchtbaren Gegenden können Gärten entstehen.

Ich möchte dem Heimatstifter bei der Arbeit zusehen. Und irgendwann möchte ich so in mir zu Hause sein, dass ich auch für andere Trost und Heimat sein kann (2. Korinther 1,4).

Noch einmal wandern meine Gedanken zum Vulkan in Afrika. Ol Doinyo Lengai, der»Berg Gottes«, wie die Massai sagen. Sie nennen ihn so, weil die unvorhersehbaren Ausbrüche der heißen Lava an den Zorn Gottes erinnern. Aber könnte es nicht auch anders sein? Könnten nicht unsere inneren Vulkane zu Bergen Gottes werden? Zur Heimat des Gottes, der aus diesen lebensbedrohlichen, stinkenden, überhitzten und unberechenbaren Gegenden blühende Gärten macht?

Er lädt dich ein, dein ganzes inneres Land einzunehmen. Dazu gehören auch jene Landschaften, die du bis jetzt nicht besucht hast. Trauere um sie. Lade Gott selbst dort hinein ein und lass ihn dort arbeiten. Es wird Zeit brauchen. Aber irgendwann wird das erste Grün zu sehen sein!

HEIMATHAFEN

- Welche schwierige Beziehung, welcher Konflikt, welcher Streit, welche Feindschaft hat »verbrannte Erde« hinterlassen? Welche Asche der Vergangenheit ist immer noch da und verhindert das Blühen deines Lebens?
- Für welchen Landstrich möchtest du konkret einen »Herzensaltar« bauen? Wohin lädst du Jesus heute ein, zu helfen, zu heilen und zu bearbeiten?

KAPITEL 9

Heimatgefühle – Zu Hause in Emotionen

Am Ende eines Sommerurlaubs fuhren meine Eltern mit uns Kindern oft bis spät in die Nacht nach Hause. Wir schliefen im Auto ein. Mein Vater trug uns nach der Ankunft schlafend in unsere Betten. Ich liebte diesen Moment. Oft genug habe ich nur so getan, als ob ich schlief. Um von meinem Papa nach oben in mein Bett getragen zu werden. Wohlige Heimatgefühle machten sich so breit: Geborgenheit, Wärme, Vertrautheit. Der Geruch der eigenen Bettwäsche, die Stille der Nacht, das bekannte Knarren der Treppe. Das Gefühl »Jetzt sind wir zu Hause!« nenne ich bis heute »Heimatgefühl«. Ich sehne mich danach, dass es sich so oder so ähnlich anfühlt, wenn ich in meinem Herz zu Hause bin. Denn noch ist es oft anders.

Wer Herzensflüchtling ist, ist nicht in sich zu Hause. Er ist außer sich. Dann übernehmen negative Gefühle die Kontrolle und alle Steuerungen der Gedanken und des Handelns. Wer außer sich ist, steht neben sich.

Als ich damals zum Herzensflüchtling wurde, hatten die Gefühle Versagen, Hoffnungslosigkeit und Angst in mir die Kontrolle übernommen. Jeder Schritt des Alltags wurde von ihnen beherrscht. Ich gab ihnen irgendwann einen Namen: die »drei hässlichen Gestalten«. Ihre Spuren – eine Art dickflüssiger Schleim – verklebten jeden rationalen Gedanken. Mein Körper war in der Zeit im Ausnahmezustand. Monatelang war ich krank. Nächtelang kam ich nicht zur

Ruhe. Die »drei hässlichen Gestalten« waren so stark, dass ich alles infrage stellte: meine Berufung, meine Ehe, meinen Platz im Leben. Meine Gedanken waren wie verklebt. In meiner Herzenslandschaft war alles einfach nur noch grau. Angst, Hoffnungslosigkeit und Versagen flüsterten mir immer wieder ein: »Das Leben, das du lebst, ist es nicht wert, gelebt zu werden.« Die drei hatten sich an jeder Ecke meiner Herzenslandschaft, an jeder Kreuzung, in jedem blühenden Garten, an jeder Quelle niedergelassen und zeigten mir ihre hässlichsten Fratzen. Ich verlor mich selbst und war »außer mir«.

Gefühle können so stark sein, dass wir uns selbst vergessen. Sie können uns zerstören. Und zugleich: Sie können uns auch zum Leben erwecken. Wir spüren, dass wir da sind. Wir fühlen uns in unserer Haut wohl. Das Leben wird durch Emotionen reich und intensiv. Ein Kuss. Ein liebevoller Blick. Eine herzliche Umarmung. Sie befreien uns, geben Kraft. Und sie erinnern uns an uns selbst. An unsere innere Stärke, Heimat und unseren Wert. Sie helfen uns hinein in unser innerstes Wesen, erinnern uns an unsere Berufung.

Gefühle können uns zerstören. Und sie können uns auch zum Leben erwecken.

Gefühle haben Macht. In jede Richtung.

Ich frage mich deshalb: Wie können wir einen guten Umgang mit ihnen pflegen? Wie geben wir ihnen Raum, ohne uns von ihnen beherrschen zu lassen? Welche Heimatgefühle sollen in uns das Sagen haben?

FERNAB DER GRENZEN – ZWEI WEISEN, MIT GEFÜHLEN UMZUGEHEN

Ich beobachte zwei Arten, wie wir mit unseren Gefühlen umgehen. Vielleicht sind beide Extreme. Und doch: Wir neigen zu der einen oder anderen. Wie gehst du mit deinen Gefühlen um? Bist du mit deinen Emotionen vertraut, bekannt, befreundet? Oder dürfen sie bei dir nicht zu Wort kommen?

Die einen halten es für pure Zeitverschwendung, Gefühlen Raum zu geben. Was zählt, ist die Vernunft. Alles, was mit Gefühlen zu tun hat, wird unterdrückt. Emotionen, welcher Art auch immer, werden abgewertet. Auf die Sachlichkeit kommt es an. Emotionale Menschen gelten als verweichlicht. Ich kenne das auch unter Christen. Die Predigt darf auf keinen Fall zu Tränen rühren. Die Lieder sollen vor allem von ihrem Inhalt her gesungen werden. Möglichst in der eigenen Sprache. Alle sollen verstehen, um was es geht. Die Stimmung soll rational bleiben. Alles, was zu emotional wirkt, wird verdächtigt. Vor allem, wenn es darum geht, dass Menschen das erste Mal mit Gott in Kontakt kommen sollen. Da werden rationale biblische Wahrheiten hervorgehoben. Jemand soll überzeugt sein von der Sache mit Gott. Eine Entscheidung für den Glauben soll nicht aus einer Gefühlsduselei heraus getroffen werden.

Die anderen bewerten Gefühle über. Sie wollen intensiv fühlen. Was keinen emotionalen Kick gibt, ist nichts wert. Die Suche danach wird mit Horrorfilmen, Extremsport oder kitschigen Liebesromanen gestillt. Die Sucht nach intensiven Emotionen muss befriedigt werden, koste es, was es wolle. Solche Menschen überlassen sich ihren Gefühlen und berauschen sich an ihnen. Wenn sie heute nicht »in Stimmung« sind, dann nehmen sie sich das Recht heraus, eine wichtige Sache einfach hinauszuschieben. Gefühle werden auf diese Weise so mächtig, dass sie Entscheidungen, Gedanken, den Willen steuern. Sie übernehmen die Macht. Auch das ist mir in Gemeinden schon begegnet. Da wird der Heilige Geist ganz schnell mit purer Emotionalität verwechselt. Wenn ein bestimmtes Gefühl nicht eintritt, dann hat Gott auch nicht gesprochen. Plötzlich zählen das persönliche Gefühl, die Atmosphäre und die Intensität mehr als die biblische Wahrheit. Einmal war ich bei einem Lobpreisabend dabei. Die Leiterin beschuldigte im Anschluss die Band, nicht für genügend Emotionalität gesorgt zu haben. »Der Heilige Geist hatte keinen Raum zum Reden …!« Braucht denn Gott eine bestimmte Gefühlslage, um reden zu können?

Ich kenne beide Extreme von mir selbst. Und beide führen mich in die Enge, die Zerrissenheit, die Heimatlosigkeit. Ignoriere ich meine

Gefühle, löse ich mich von meinem Seelenleben los. Das ist gefährlich. Denn wenn ich dauernd meine Gefühle unterdrücke, ist es wie mit einem luftgefüllten Wasserball. Je länger ich diesen unter Wasser halte, umso mehr Wucht hat er, wenn er irgendwann nach oben kommt (wenn mich die Kraft im Arm verlässt). Gefühle übernehmen dann unkontrolliert die Macht oder explodieren. Falle ich aber von der anderen Seite vom Pferd und bade förmlich in meinen Emotionen, dann verliere ich die Wahrheit. Mein Blick ist so vernebelt, dass ich den Tatsachen nicht mehr ins Auge sehe. Wenn ich nur den Gefühlen folge, laufe ich Gefahr, alle anderen Gegebenheiten aus dem Blick zu verlieren. Nicht umsonst heißt es, dass jemand »blind vor Liebe« ist. Wenn zum Beispiel nur noch Angst in mir herrscht, nimmt diese Angst das ganze Denken und Handeln ein. Ich verkrampfe und kann nichts mehr optimistisch oder positiv sehen. Die Sinne für die Wahrheit werden getrübt. Da gibt es kein Kinderlachen, keine Sonnentage, keinen Frühling und keine Zuneigung mehr.

EIN GEFÜHL IST WIE EIN KIND

Ich sehne mich danach, meinen Gefühlen Raum zu geben. Ich möchte wahrnehmen, was in mir ist. Ich möchte Emotionen wertschätzen. Aber ich möchte mich von ihnen auch nicht beherrschen lassen. Entscheidungen sollen eben nicht nur »aus dem Bauch heraus« getroffen werden. Beides, zu viel Rationalität oder zu viel Emotionalität, führt in die Sackgasse. Ich frage mich deshalb: Wie kann ich einen guten Umgang mit meinen Gefühlen pflegen? Wie kann ich klug mit meinen Emotionen umgehen?

Fest steht: Ich wurde mit Gefühlen beschenkt. Gott selbst hat Emotionen in mich hineingelegt. Vielleicht sind sie sogar seine größte Gabe an mich. Und mehr noch: Gott selbst fühlt. Er liebt (Hosea 3,1 u.a.). Er ist zornig (2. Mose 4,14). Er ist eifersüchtig (2. Mose 20,3). Er ist traurig (Matthäus 26,36-46). Er bereut (1. Mose 6,6). Er hasst (Psalm 11,5).

Er ist leidenschaftlich (2. Mose 34,14). Wenn schon er diese Gefühle kennt, warum sollten nicht auch wir sie in uns tragen? Er hat unser Inneres gestaltet (Psalm 139,13) und uns ein Gefühlsleben geschenkt. Durch Emotionen nehmen wir wahr, wer und wie wir sind.

Und noch eines steht fest: Gefühle führen zu Handlungen. Das sagt schon das Wort »Emotion«. Darin steckt der lateinische Begriff »movere« für »bewegen«. Der Zusatz e- meint »hin«. Es geht also bei einer E-Motion um ein »Hinbewegen«. Gerade das macht Emotionen ja so wichtig. Sie beeinflussen und verändern unser Handeln entscheidend. Wenn wir daher diese »Beweger« in uns dauernd unterdrücken, dann entwickeln sie ein Eigenleben, das wir meist nicht steuern können. Sie rutschen ins Unterbewusstsein. Geben wir ihnen zu viel Raum, dann bringen sie unser Inneres in Aufruhr und entwickeln ebenfalls ein Eigenleben. Sie nehmen unser Lebenssteuer in die Hand und bestimmen unsere Handlungen. Gefühle können uns aber auch in gute Richtungen bewegen und der entscheidende Motor für das richtige Handeln sein. Das folgende Gedicht von Jörg Zink[27] steckt für mich deshalb voller Wahrheit:

> **Gefühle können uns auch in gute Richtungen bewegen und der entscheidende Motor für das richtige Handeln sein.**

Ein Gefühl ist wie ein Kind,
das in uns lebt und weint und lacht,
Hunger hat, bemerkt sein will.
Wer zu seinem Gefühl sagt:
»Sei still, ich hab jetzt keine Zeit für dich!«,
dessen inneres Kind sitzt eines Tages
in einer vergessenen Ecke und trauert,
wird krank und verkümmert.
Mit Gefühlen soll man umgehen,
wie man mit einem Kind umgeht.
Man sieht ihm freundlich zu und aufmerksam,

man hört, was es klagt,
man leidet mit ihm, wenn es leidet.
Denn Gefühle sind die lebendigsten Kräfte in uns,
und keine andere Kraft in uns
bringt so Lebendiges hervor.
Ein Kind hat auch Wünsche,
berechtigte, gute, schöne,
die nicht zu erfüllen sind.
Dann nehmen wir es auf den Arm
und sind mit ihm traurig.
Aber wir schicken es nicht weg.
Ein Kind kann verstehen,
dass es nicht alles haben kann.
Aber lieben muss man es,
ihm Mut geben und Fröhlichkeit
und Raum, seine Kräfte zu regen.

MIT DEM HERZEN DENKEN

Wie und wo entwickeln sich Gefühle? Darüber haben beispielsweise bereits die Philosophen der griechisch-römischen Antike nachgedacht, die unser Denken heute sehr geprägt haben. Platon hatte die Vorstellung, dass der Mensch »zweigeteilt« ist. Es wird unterschieden zwischen Kopf und Körper, Seele und Leib, Vernunft und Gefühl. Gefühle gehören zur Körperlichkeit. Sie gehören in der Rangfolge dieses Denkens ganz nach hinten. Vernunft und Rationalität werden viel höher gewertet. Bis heute prägt uns das Denken des sogenannten Neuplatonismus. Oft unbewusst.

Aber es gibt auch andere Vorstellungen. Das Denken des Alten Testamentes ist von hebräischen Vorstellungen durchdrungen. Der Mensch ist hier ein Ganzes. Körper und Gefühle gehören immer zusammen. Einzelne Körperbegriffe stehen dabei immer für den ganzen Menschen, jeweils unter einem bestimmten Aspekt. Die »Niere« ist zum Beispiel, wie bereits erwähnt, der Sitz der Gefühle und Neigungen (Psalm 73,21-22). Besonders wichtig ist das »Herz«, hebräisch »leb«. Es steht für das Zentrum des ganzen Menschen, ist also der Mittelpunkt. Hier treffen sich Denken, Rationalität, Gefühle und Urteilsvermögen. Die Bibel kennt die Trennung zwischen Körperlichkeit mit Gefühlen und der Vernunft mit der Rationalität nicht. Denken, Fühlen und Wollen gehören zusammen und finden sich im Herzen. Das wird am Auftrag Gottes an die Menschen besonders deutlich: »Die Worte, die ich dir gebiete, sollst du dir besonders zu Herzen nehmen: Du sollst den HERRN, deinen Gott, lieb haben von ganzem Herzen, von ganzer Seele und mit all deiner Kraft« (5. Mose 6,5-6; eig. Übersetzung). Im hebräischen Menschenbild denkt und fühlt der Mensch mit dem Herzen.

Was bedeutet das jetzt für meine Frage, wie ich meine Gefühle achten und wertschätzen kann und gleichzeitig nicht von ihnen beherrscht oder sogar überwältigt werde? Die folgenden fünf Schritte helfen mir im Alltag.

1. DAS KIND BEIM NAMEN NENNEN

Ein großes Event in unserer Kirche stand an. Wir hatten vorab vereinbart, dass mein Kollege die Moderation übernehmen sollte. Ich dagegen würde im Hintergrund »den Laden schmeißen«. Ich flitzte also zwischen Küche, Gästen, Technikpult hin und her. Ich organsierte die Garderobe, beantwortete die Fragen der Musiker und zeigte den Besucherinnen und Besuchern den Weg zur Toilette. Er dagegen stand auf der Bühne. Und strahlte. Und machte einen guten Job. Er bekam Applaus. Streute einen Witz ein. Die Gäste der Veranstaltung waren begeistert. Vornehmlich von ihm.

Ich stand hinten am Mischpult. Und in mir brodelte es. Alles in mir schrie: »Immer bekommt der die Lorbeeren! Ich organisiere alles und niemands sieht's. Da vorne gut aussehen kann ja wohl jeder. Immer mache ich die Drecksarbeit. Er dagegen nimmt sich die Sahnehäubchen …« Stinksauer bin ich an dem Abend nach Hause gegangen. Allerdings: So richtig sagen, was los war, konnte ich nicht. Wir hatten ja vereinbart, dass es bei der nächsten Veranstaltung andersherum sein würde. Außerdem hatte ich diese Rollenteilung ja so vorgeschlagen. Ich ärgerte mich also und jeder, der mir an dem Abend in den Weg kam, bekam die volle Breitseite meiner schlechten Laune ab.

Was war eigentlich los mit mir? Ich dachte den ganzen Abend darüber nach. Irgendwann standen da zwei Gefühle vor mir. Neid und Missgunst. Ich war neidisch auf meinen Kollegen, der auf der Bühne einfach brillant war. Ich missgönnte ihm das Lob und die Anerkennung, die er an dem Abend bekam. Mehr noch: Ich missgönnte ihm die Erfolge seines ganzen Lebens. Die Erkenntnis war hart für mich selbst. Den ganzen Tag lang hatten sich die beiden Gefühle Neid und Missgunst in mir Raum gemacht. Ich hatte sie gar nicht bemerkt, bis ich mich ihnen endlich zuwandte. Da waren sie schon so groß, dass es ein paar Tage dauerte, sie zu zähmen.

Kennst du solche Situationen? Es regt sich etwas in dir: Widerwille, Rührung, Missmut? Gefühle werden plötzlich sehr präsent, schwergewichtig. Manchmal ist uns gar nicht klar, was sich da gerade in uns tut. Sie schleichen herum und werden erst mal nicht bemerkt. Und doch sind sie da.

Eine Freundin erzählte mir: »Irgendwann bemerkte ich, dass ich mich in diesen attraktiven Musiker verliebt hatte. Eigentlich bin ich glücklich verheiratet. Die Zeit, die ich mit dem Musiker verbrachte, tat aber so gut. Am Anfang tauschten wir uns einfach aus. Später wurden lange und intensive Gespräche daraus. Irgendwann ertappte ich mich dabei, wie ich dauernd auf mein Handy starrte und auf die nächste Nachricht von ihm wartete. Ich begann von ihm zu träumen und sehnte mich immer mehr danach, ihn zu küssen. Irgendwann erzählte ich meiner Freundin davon. Sie sagte es mir gerade ins Gesicht: ›Du hast dich verliebt!‹ Ehrlich gesagt hatte ich das gar nicht wirklich gemerkt. Es war so schleichend gekommen. Aber erst mit dieser Erkenntnis konnte ich meinem Mann erzählen, was da in mir vorging, und bewusst Abstand zu dem Musiker nehmen.«

Wir verlieren unsere Heimat, wenn sich Gefühle in uns breitmachen, die wir nicht bewusst wahrnehmen, ignorieren oder permanent unterdrücken. Das können gute genau wie schlechte Gefühle sein. Aber es ist wichtig, sie wahrzunehmen. Ich wandere also zu mir selbst. In mein Herz. Und stelle dort fest, was sich gerade tummelt. Ich nehme wahr, was sich regt und was riesengroß ist. Gibt es vielleicht Gefühle in mir, die sich »streiten«? Was möchten sie mir sagen?[28] Und dann gebe ich ihnen einen Namen. Ist da Zorn, Furcht, Glück, Liebe, Zufriedenheit, Freude, Überraschung, Abscheu, Trauer, Scham[29] oder etwas anderes?

Die beiden großen Gefühle sind Angst und Liebe. Angst hat so viele Gesichter: Da gibt es die Angst, etwas zu verpassen; Angst, zu kurz zu kommen; Angst vor Einsamkeit oder die Angst, nicht zu genügen.

> **Wir verlieren unsere Heimat, wenn sich Gefühle in uns breitmachen, die wir nicht bewusst wahrnehmen, ignorieren oder permanent unterdrücken.**

In Bildern, in Worten, in Farben versuche ich das Gefühl in mir zu beschreiben. So gebe ich »dem Kind einen Namen«. Damit nehme ich ihm auch Macht.

Beschreibe das Gefühl oder die Gefühle, die gerade in dir sind. Versuche wahrzunehmen, was sich in dir breitmacht. Welchen Namen gibst du diesem Gefühl?

2. DEM KIND ZUHÖREN

Wenn ich meine Gefühle benannt habe, dann höre ich ihnen zu. Was möchten sie mir sagen? Welches Bedürfnis steckt hinter ihnen? Warum sind sie so groß geworden? Warum schäme ich mich vielleicht für sie?

Der Ort für die Entstehung meiner Gefühle bin ich selbst. Ich trage die Verantwortung für sie. Die Bibel geht davon aus, dass aus unserem Herzen gute und schlechte Gedanken und Emotionen kommen. Gerade deshalb sollen wir sorgsam mit unserem Herzen umgehen (Matthäus 15,19 und Sprüche 4,18). Das können wir nur, indem wir uns ihm, und damit unseren Emotionen, aktiv zuwenden. Wir sollten unsere Gefühle wahrnehmen, benennen und in ihnen zu Hause sein. Nur so können wir die Bedürfnisse, die dahinter stehen, ernst nehmen und mit ihnen umgehen.

Anhand des Beispiels von jener Veranstaltung, bei der ich meinem Kollegen gegenüber Neid und Missgunst fühlte, wird klar: Hinter meinen Gefühlen steckten Bedürfnisse, die offensichtlich nicht befriedigt oder berücksichtigt wurden. Die Sehnsucht danach, wahrgenommen zu werden und Anerkennung zugesprochen zu bekommen, habe ich damals nicht ernst genommen. Deshalb kam es zu der Situation, dass ich meinem Kollegen das Feld überließ und sich gleichzeitig Neid und Missgunst in mir regten. Viele Gefühle entstehen aus solchen unterdrückten Bedürfnissen oder Sehnsüchten heraus.

Wer seine Emotionen kennt und ihnen genau zuhört, kann die Bedürfnisse, die dahinterstecken, wahrnehmen und muss ihnen nicht mehr blind folgen. So beginnen wir, aktiv unseren Gefühlen zuzuhören und damit zu begreifen, was unsere eigentliche Not ist. Manchmal tut das weh, aber es hilft uns trotzdem so sehr.

Fang an, dir selbst zuzuhören, in dich hineinzuhören! Welches Gefühl ist da gerade eben? Welche Emotion nimmt wie viel Raum ein? Lenkt sie dein Denken? Welches Bedürfnis steht dahinter?

3. DEM KIND RAUM GEBEN

Wir haben gesehen: Emotionen sind die »Beweger« in uns. Sie führen zu Handlungen. Auch für die Autoren der Bibel ist das ganz klar. Die Gier führt am Haderwasser ein ganzes Volk in eine Sackgasse (4. Mose 20). Die Angst vor den Riesen lässt die Kundschafter aus dem verheißenen Land frustriert umkehren (4. Mose 3,33). Saul muss die Krone wegen des Neids in ihm abgeben (1. Samuel 18,8). David lässt sich vom Begehren leiten und stürzt damit in die Falle von Ehebruch und Mord (2. Samuel 11). Hanna gibt ihren Sohn aus Dankbarkeit als Tempeldiener zu Eli (1. Samuel 2). Liebe ist der Motor für das Handeln Gottes an den Menschen (Johannes 3,16).

Dallas Willard hätte es nicht treffender sagen können: »Gefühle sind gute Diener, aber katastrophale Herren.«[30] Wenn wir ausschließlich ihnen folgen, kommt es zu Situationen, die wir im Nachhinein bereuen. Wie können wir unser Handeln aktiv steuern, ohne uns von Gefühlen beherrschen zu lassen? Wie können wir sie als Diener nutzen, um damit unsere Handlungen zu steuern, und sie bei Entscheidungen sinnvoll miteinbeziehen?

Wenn wir die Gefühle benannt und wahrgenommen haben und dann Verantwortung für sie übernehmen wollen, führt uns der Weg direkt vor Gott. Die Beter der Bibel machen es uns vor. Alle ihre Emotionen bringen sie vor Gott: Rachegelüste, Mordgedanken, Hass, Wut, Zorn, Heimweh, Sehnsucht, Glück, Angst, Scham, Einsamkeit, Zuversicht, Geborgenheit. Die Psalmen sind wahre Gefühlsausbrüche. Die Beter wissen offensichtlich darum, dass wir nicht über alle Gefühle Herr sein können. Deshalb breiten sie sie vor Gott aus. Er soll sich um ihr Herz kümmern. Damit wenden sie sich an den Schöpfer und Heimatgeber aller Gefühle, der mit uns in unseren Herzen lebt. Und sie geben ihre Machtlosigkeit zu. Sie legen somit ihre Gefühle in die Hände des Heimatgebers. Auf diese Weise kommen die Emotionen ans Licht und können so auch von Gott selbst bearbeitet werden.

Ab und zu werde ich im Alltag von einem Gefühl regelrecht überrannt. Ich bin dabei zu lernen, es beim Namen zu nennen. Dann sage ich das Gott, zum Beispiel so: »Jesus, du weißt: Schon wieder macht sich die Angst, etwas zu verpassen, in mir breit. Nimm dich dem Gefühl an. Bitte still du die Sehnsucht in mir. Erfüll mich ganz mit deiner Zufriedenheit.« Auf diese Weise gebe ich dem Gefühl Raum und halte es Gott hin.

4. DEM KIND BEGEGNEN

Hamlet sagt zu Beginn der zweiten Szene im dritten Akt des berühmten gleichnamigen Theaterstücks von William Shakespeare: »Denn mitten in dem Strom, Sturm und, wie ich sagen mag, Wirbelwind Eurer Leidenschaft müsst Ihr Euch eine Mäßigung zu eigen machen, die ihr Geschmeidigkeit gibt.« Nicht erst bei Shakespeare, schon zu

Zeiten Platons wurde es als Tugend gepriesen, kein »Sklave der Leidenschaft« zu sein, sondern gut und klug mit seinen Gefühlen umzugehen. Dabei geht es nicht um Unterdrückung der Emotionen! Es geht um Ausgeglichenheit und Achtsamkeit der eigenen Gefühlswelt gegenüber. Denn jedes Gefühl hat seinen Wert und seine Bedeutung.

Gott will unser Herz umgestalten. Das bedeutet, dass er auch unsere Gefühle so gestalten will, dass Angst immer weniger in uns herrscht und Liebe und Hoffnung immer größer werden. »Denn Gott hat uns nicht einen Geist der Ängstlichkeit gegeben, sondern den Geist der Kraft, der Liebe und der Besonnenheit« (2. Timotheus 1,7; NGÜ). Das sind die Gefühle, die ins uns vorrangig das Sagen haben sollen.

Wie können gute Emotionen wie Hoffnung, Liebe und Dankbarkeit in uns ganz konkret wachsen? Und wie können die anderen kleiner und unbedeutender werden? Schlechte Gefühle wie Missgunst, Gier, Neid, Hass, Wut usw. unterdrücke ich nicht, sondern halte sie Gott und seinem Wirken hin. Ähnlich gehe ich mit den positiven um. Sie sollen wachsen. Ich bitte Gott deshalb darum, dass er sie in mir groß werden lässt. Er soll an mir handeln. Der Heimatstifter wirke an mir.

Zwei Dinge tue ich konkret, um guten Gefühlen in mir Raum zu geben und sie wachsen zu sehen.

Wenn ich das kleine Pflänzchen eines Gefühls bei mir entdecke, das ich wachsen sehen möchte, dann freue ich mich darüber.

Wenn sich einmal wieder ein großes Gefühl wie zum Beispiel Versagen in mir breitgemacht hat, dann setze ich mich der Wahrheit aus. Ich erinnere mich daran, dass ich aus Fehlern lernen darf. Ich rufe mir ins Gedächtnis, was mir schon alles gelungen ist. Ich denke daran, dass Gott seinen Weg mit mir geht, unabhängig davon, ob ich gewinne oder verliere. Die Geschichten der Bibel erinnern mich daran: Helden haben so oft versagt und trotzdem hat Gott sie auf großartige Weise berufen und gebraucht. So setze ich mich der Wahrheit aus und begegne meinen Gefühlen.

Wenn ich das kleine Pflänzchen eines Gefühls bei mir entdecke, das ich wachsen sehen möchte, dann freue ich mich darüber. Ich habe mir zum Ziel gesetzt, ein Mensch zu werden, der anderen mit Liebe begegnet. Ich freue mich also darüber, wenn ich der Kassiererin im Supermarkt trotz ihrer Langsamkeit mit Geduld begegne. Das sage ich mir dann selbst: »Super, da hat Gott an dir gearbeitet.« Ich freue mich darüber, wenn ich den Kollegen, der mich oft zur Weißglut treibt, aufrichtig für eine gute Arbeit loben kann. Manchmal stelle ich mir ein Fußballfeld in meinem Innersten vor. Ich stehe im Fanblock für meine Gefühlsmannschaft und feuere die an, die das tun, was mir am Ende den Sieg bringen wird. Auch so können gute Gefühle in mir wachsen.

5. DAS GEGENGEWICHT FINDEN

Zuletzt versuche ich jeweils gegenzusteuern. Dabei übe ich mich in zwei Richtungen: der Entspannung und der Aktivierung. Was jeweils dran ist, entscheidet das entsprechende Gefühl. Ein Beispiel:

Ich wälze mich im Bett hin und her. Die Zukunft rollt wie ein großes schwarzes Gewitter auf mich zu. Werde ich an der neuen Arbeitsstelle wirklich glücklich? Bin ich den Herausforderungen gewachsen? Was wird wohl von mir erwartet? Finde ich mich in dem neuen Umfeld zurecht? Ist das nicht eine Nummer zu groß für mich? Da! Ich habe die bekannten dunklen Flecken der Angst in meiner Seele entdeckt. Dazu kommt noch eine Portion Sorge.

Gerade Angst treibt vor sich her. Sie schlägt einen in die Flucht. Sie macht unruhig. Wer Angst hat, wird hektisch. Das Unterbewusstsein sagt dann: »Irgendetwas tun ist besser, als der Situation ausgeliefert zu sein.« Das ist normal. Als Menschen sind wir mit einer gesunden Portion Skepsis ausgestattet. Unruhe ist außerdem eine Art, um mit potenzieller Gefahr umzugehen. Nur hilft das selten weiter. Wenn sich Angst in mir breitmacht, gehe ich folgende Schritte:

1. Ich benenne die Angst.
2. Ich sage ihr die Wahrheit.
3. Ich bringe sie vor Gott.
4. Ich führe eine Entspannungsübung durch.

Das geht zum Beispiel so: Ich merke, dass sich bei mir anscheinend mal wieder die Angst vor der Zukunft einschleicht. »Hallo Angst! Ich höre dich. Aus dir spricht das Bedürfnis nach Sicherheit. Das ist gut und berechtigt. Aber zu 100 Prozent stillen kann ich dieses Bedürfnis nicht. Die Wahrheit ist: Gott wird mich durch die Situation begleiten. Ich gehe nicht alleine da durch. Es kann nicht so viel passieren.« Und dann helfen mir Entspannungsübungen, zum Beispiel die progressive Muskelentspannung nach Jacobson. Dabei werden Muskeln nacheinander fest angespannt und danach bewusst entspannt. So macht sich in meinem Körper Entspannung breit, die sich dann auf alles andere auswirkt. Manchmal hilft auch ein warmes Bad am Abend. Auch so bringe ich Leib und Seele, Inneres und Äußeres, zusammen.

Bei Melancholie, Traurigkeit, Grübelei hilft keine Entspannung. Da ist der Leib schon in eine Art Erschöpfungszustand versetzt. Oft liegen dann schlaflose Nächte hinter mir. Um zu dem Gefühlszustand ein Gegengewicht zu schaffen, aktiviere ich mich. Ich gehe laufen, spazieren, schwimmen. So fokussiere ich den Körper, habe ein klares Ziel vor Augen. Ich stelle mir das wie eine große Waage vor. Die Waagschale der Melancholie und Grübelei wiegt schwer. Um ins Gleichgewicht zu kommen, lege ich in die gegenüberliegende Waagschale die Aktivierung meines Körpers. So kommen Leib und Seele zueinander und ich kann in eine innere Ausgewogenheit kommen.

Das sind nur kleine Übungen, die helfen können, extremen Stimmungen zu begegnen und Klarheit in emotional belastenden Situationen zu bewahren.

Denke ich über Gefühle nach, lockt mich noch ein Gedanke. Wenn ich gelernt habe, mit meinen Emotionen gut umzugehen, dann bin ich auch fähig, mit anderen in Kontakt zu treten. Wir vermitteln einander ja dauernd Stimmungen. Es gibt »ansteckende« Gefühle und emotionale Verbindungen. Wer seine Gefühle kennt, der kann auch deuten, was bei anderen vor sich geht. Und Einfühlungsvermögen hilft bei jeder Form von Beziehungsgestaltung. Ich will mich also weiterhin in dieser Kunst üben, um reif für Beziehungen zu sein.

Wenn Angst, Versagen und Hoffnungslosigkeit beginnen, sich in mir breitzumachen, bin ich mittlerweile schlauer. Ich lerne nämlich, mit dem Herzen zu denken. Ich nenne meine Gefühle beim Namen, höre ihnen zu, lasse mich aber nicht von ihnen beherrschen. Ich finde in mir Heimat. Gefühle dürfen sein. Sie kommen ans Licht. Gott selbst kennt sie am besten. Deshalb halte ich sie ihm hin. Ich bin ihnen nicht länger ausgeliefert. Nein, sie helfen mir sogar, gut mit mir und auch mit anderen umzugehen. Wenn ich diese Kunst beherrsche, verwurzle ich mich selbst in mir.

HEIMATHAFEN

- Welche Gefühle haben in deinem Herz das Sagen? Bestimmen sie dich? Dienen sie dir und deinem Leben oder beherrschen sie dich?
- An welcher Stelle in deinem Leben ist es wichtig, dich »der Wahrheit auszusetzen« und dich nicht von deinen Gefühlen bestimmen zu lassen? Sprich die Wahrheit laut aus oder hänge sie dir auf Zetteln in deiner Wohnung an Stellen auf, an denen du sie oft siehst!

Teil 3

AUFBRUCH

Wenn sich aber jemand als Fremder und als
Gast bezeichnet, gibt er damit zu verstehen,
dass er nach einer Heimat Ausschau hält.

Hebräer 11,14; NGÜ

KAPITEL 10

In die Fremde

In den vorherigen Kapiteln habe ich Hinweise gegeben, wie wir in uns Heimat finden können. Wie wir zurückfinden in unsere eigene Herzheimat. In diesem dritten Teil ermutige ich dich dazu, jetzt nicht stehen zu bleiben. Dein ganzes Leben kann von einer Art »Aufbruchsstimmung« geprägt sein. Von der Bereitschaft, dich immer wieder neu aufzumachen. Täglich neu hin zu dir selbst. Und damit hin zu Gott. Und dann sogar: hin zu anderen Menschen.

Direkt an unserem Haus läuft der Jakobsweg entlang. Viele wandern ihn. Einige kommen vorbei. Manche haben wir schon beherbergt. Ein guter alter Freund stand eines Tages vor der Tür. Seine Haare waren völlig zerzaust und seine Schuhe hatten Löcher. Mehrere Tage machte er Zwischenstation bei uns. Seine Schuhe ließ er währenddessen vom Schuster reparieren. Wir hatten genügend Zeit, um zu erzählen. Vom Scheitern. Vom Gelingen. Vom Heimatfinden. Monate später schrieb er eine Nachricht: »Ich bin angekommen!« Sein Leben hat er danach neu ausgerichtet. Die Reise hat ihn verändert. Die Fremde hat ihm geholfen, bei sich selbst anzukommen. Ich selbst bin auch schon viele Kilometer auf dem bekannten Pilgerweg gelaufen. Dabei geht es mir gar nicht darum, in Santiago de Compostela anzukommen. Ich gehe diesen Weg, um zwei Dinge zu erleben. Fremdheit. Und Heimat. Nur wenn ich beginne zu laufen, wenn ich wieder eine neue Wegstrecke entdecke und Menschen kennenlerne, die so anders sind als ich, wird mir neu bewusst, wer ich bin. In der Fremde lerne ich den eigenen Rhythmus meines Gehens wieder wahrzunehmen. Ich fühle meinen Leib, weil ich einen Rucksack trage und durch meine Körperkraft nach vorne komme. Ich muss nichts. Ich kann. Und so erlebe ich Gegenwart. Auf diese Weise komme ich beim Pilgern ins Nachdenken. Über mich. Über Gott. Und lerne die Herzheimat wieder ein bisschen besser kennen.

Der ursprüngliche Sinn des Pilgerns ist es ja, bei sich anzukommen. Der Gedanke dahinter ist dieser: Mit jedem Schritt, den man hinaus in die Fremde geht, kommt man ein Stück mehr bei sich an. So kann jede Pilgerreise eine Reise ins eigene Herz werden.

AUFBRUCHSSTIMMUNG

Die Reise ins eigene Herz ist wahrscheinlich die wichtigste, die wir jemals antreten können. Und diese Reise ist nicht irgendwann beendet. Immer wieder braucht es einen inneren »Aufbruch«. Mit allen Sinnen, im Herzensrhythmus und mit dem Wissen um eigene Emotionen, den Leib und die Verletzungen, die wir in uns tragen.

Allerdings: Wir sollten die Bereitschaft zum Aufbrechen nicht mit Aktivismus verwechseln. Ich habe Christen erlebt, die ihre Heimat verloren haben und diese nicht bei sich selbst gesucht haben, sondern immer neu aufgebrochen sind. Sie flüchteten (im wahrsten Sinne des Wortes) in Betriebsamkeit, leiteten Gruppen, initiierten Projekte und brachten sich exzessiv in Gemeinden ein. Sie wirkten meist unruhig. Gehetzt. Getrieben. Sie peitschten sich und andere nach vorne. Und das mit gut gemeinten und wohlklingenden Argumenten.

Wir sollten die Bereitschaft zum Aufbrechen nicht mit Aktivismus verwechseln.

Das kenne ich so gut von mir selbst. Gerade so wurde ich ja zum Herzensflüchtling. Ich bin aufgebrochen, ohne mich um meine eigene

Herzenslandschaft zu kümmern. Ich wollte gerne Heimat geben, hatte aber den Heimatgeber verloren. Wer so – wie ich zu jener Zeit – aufbricht, läuft in die Wüste. Ohne Ziel. Ohne Vision. Ohne Gefährten. Und wird innerlich heimatlos. Denn Heimat fühlt sich anders an. Vertrauensvoller. Gelassener. Freier.

Ich meine mit »Aufbruchsstimmung« also nicht jenes gehetzte Vorwärtspeitschen. Ich meine damit eine gute, gesunde Portion Neugier und vor allem Lernbereitschaft. Es geht um das Wissen, dass es noch viel zu entdecken gibt. Bei mir. Bei Gott. Bei anderen Menschen. Es geht um die Bereitschaft, mich verändern zu lassen. Weil ich noch nicht am Ziel bin und das Land in mir noch viele Abenteuer birgt.

UND UNTERWEGS WIRST DU EIN ANDERER MENSCH

Ein wunderbares kleines Büchlein von Reinhard Deichgräber trägt diesen Titel, in dem so viel Wahres steckt. Wer unterwegs ist, verändert sich. Wer sich hinausbegibt, wird ein anderer Mensch. Bewusst oder unbewusst. Wer aufbricht, um zu lernen, verwandelt sich. Davon erzählen auch viele Märchen, Reiseberichte oder biblische Geschichten. Hans im Glück, der auszog, um sein Glück zu finden, Hape Kerkeling mit seinem bekannten Buch »Ich bin dann mal weg« oder die Emmausjünger haben alle eines gemeinsam: Sie kommen verändert wieder. In der Fremde haben sie einen neuen Blick auf die eigene Heimat bekommen.

Es wird nichts beim Alten bleiben, wenn wir uns auf die Reise hin zu unserem Herzen machen. Hin zu Gott. Es muss auch nicht so bleiben, wie es ist. Es darf sich verändern. Wir dürfen uns verändern.

An diese Tatsache erinnert mich ein Foto in meinem Arbeitszimmer. Auf dem Bild sitze ich auf einem Pferd und bin kurz davor, einen Fluss zu überqueren. Ich hatte mich nämlich nach dem Abitur zu meiner ersten großen Reise aufgemacht: Auf eigene Faust trampte ich durch die Rocky Mountains. Mein Vater war davon nicht begeistert. Wäre ich heute auch nicht, wenn meine Tochter mir diesen Plan eröffnen würde. Und trotzdem: Ich bin losgezogen. Und war für sieben Wochen ganz auf mich gestellt. Obwohl ich so lange von dieser Reise geträumt hatte, bekam ich Heimweh. Und habe zum ersten Mal die Fremde gefühlt. (Und das, obwohl Kanada nun nicht gerade ein Kulturschock für eine deutsche Abiturientin darstellt.) Heute würde ich sagen, dass diese Reise mir geholfen hat, erwachsen zu werden. Weil ich alleine mit mir war. Weil ich mich fremd gefühlt habe. Weil ich unterwegs war. Entscheidend waren nicht die Berge, das Wetter, die Gletscher oder Grizzlybären, sondern dass ich losgezogen bin. Auf dem Weg war. Weil ich mich damals so fremd gefühlt habe, habe ich begonnen, meine Heimat mit anderen Augen zu sehen. Das hat mich verändert.

Ich bin mir sicher, dass es nicht darum geht, möglichst weit zu reisen. Sondern unterwegs zu sein und bereit zu sein, sich der Fremdheit auszusetzen. Ein anderer Ort, eine unerwartete Wendung oder eine Begegnung mit einem Menschen aus einer anderen Lebenswelt können Veränderungen mit sich bringen. Und zugleich bringt uns das Gefühl der Fremdheit oft genug zurück zu uns selbst. Theodor Fontane soll gesagt haben: »Erst die Fremde lehrt uns, was wir an der Heimat haben.« Gerade deshalb lassen sich die geistliche Reise und das äußere Aufbrechen so gut miteinander verbinden und vergleichen.

Für deine innere, geistliche Reise möchte ich dich deshalb ermutigen, dich diesen Fragen zu stellen: Wann und in welcher Situation habe ich mich das letzte Mal fremd gefühlt? Warum? Wie bin ich mit dieser Situation umgegangen? Was habe ich gelernt? Was hat sich verändert? Wie habe ich mich verändert? Wer hat mir Gutes getan?

So vieles, was für den äußeren Aufbruch gilt, gilt auch für die geistliche Reise ins eigene Herz. Auf den folgenden Seiten stelle ich einige dieser Vergleiche zwischen äußerer und innerer Reise zusammen. Sie alle prägt eines: die Bereitschaft, aufzubrechen.

NACH DEM WEG FRAGEN

Wer unterwegs ist, muss Fragen stellen. Er muss nach dem Weg fragen. Um Hilfe bitten. Sich erkundigen. Das gilt auch für die geistliche Reise. Das erfordert die sogenannte »geistliche Disziplin der Demut«. Wer fragt, gibt zu: Ich bin noch auf der Suche. Ich bin auf dem Weg. Ein fragender Mensch kann sich irren. Wie menschlich!

Ich werde nie vergessen, wie das erste Gespräch mit einer Kollegin ablief, mit der ich in einem Projekt zusammenarbeiten sollte: Wir trafen uns in einem Café. Ich wusste, wie sie aussah, und auch, wie sie hieß. Alles in allem nicht besonders viel. Aber ihr schien es ganz anders zu gehen. Sie umarmte mich zur Begrüßung herzlich wie eine gute Freundin. Und dann begann sie zu erzählen. Von der Arbeit, die auf uns zukommen würde. Und von sich. Und irgendwann fiel der Satz: »Menschen wie du können sich auf solche Situationen toll einlassen.« Das war bestimmt als Kompliment gemeint. Doch bei unserem ersten Gespräch stellte sie nicht eine Frage. Sie stellte fest und Behauptungen auf. Es sollte eine anstrengende Zeit der Zusammenarbeit werden. Eigentlich hätte ich das damals ahnen müssen. Menschen, die keine Fragen stellen und immer schon alles wissen, sind keine guten Teamplayer. Weil sie nicht bereit sind zu lernen.

Ich möchte deshalb Fragen stellen. Mich in dieser geistlichen Demut üben. Ich möchte nicht zu stolz sein, um Hilfe zu bitten. Ich möchte Lernende sein.

Am meisten möchte ich von dem lernen, der dauernd Fragen stellt. Zum Beispiel diese hier: »Was willst du, dass ich für dich tun soll?« (Lukas 18,41). Ich möchte lernen von dem, der sagt: »Lernt von mir, denn ich bin gütig und von Herzen demütig; so werdet ihr Ruhe finden für eure Seele« (Matthäus 11,29b; NGÜ).

DAS ZIEL VOR AUGEN HABEN

Wer eine Reise macht, hat ein Ziel vor Augen. In diesem Buch beschreibe ich die Reise ins Heimatland Herz. Es ist das Ziel, auf das ich zusteuere. Und es hat viel mit mir als Person zu tun. Im Leben habe ich mir noch viele Ziele gesteckt. Ich möchte zum Beispiel einen Triathlon in meiner persönlichen Bestzeit absolvieren. Ich möchte so viele Länder bereist haben, wie ich Jahre alt bin. Ich möchte gerne mit meinen Kindern eine mehrwöchige Trekkingtour mit Esel in den Karpaten machen. Ich habe das Ziel, noch einmal ein Studium zu absolvieren. Ich möchte lernen, wie man Steak richtig zubereitet und wie man sich ordentlich schminkt. Das sind nur einige meiner Ziele. Sie alle beziehen sich darauf, *was* ich sein möchte. Oder *was* ich erreichen möchte.

Bei der Reise in das eigene Herz geht es aber vielmehr darum, wer ich sein werde.

Bei der Reise in das eigene Herz geht es aber vielmehr darum, wer ich sein werde. Welcher Mensch soll aus mir werden? Wenn das Herz der Kern meines Wesens ist, dann möchte ich diesen Wesenskern formen.

Albert Camus hat einmal gesagt: »Von einem bestimmten Alter an ist jeder Mensch für sein Gesicht verantwortlich.« Daran muss ich immer denken, wenn ich Lachfalten bei einem Menschen entdecke. Oder Zornesfalten. Verkniffene Lippen erzählen von engen und verbissenen Gedanken. Graue Haut zeugt meistens auch von einem farblosen Leben. Wer jemand tief drinnen ist, das dringt über kurze oder längere Zeit auch sichtbar nach außen.

Wer möchte ich also werden? Welche Persönlichkeitszüge sollen mir aus den Augen blitzen und ins Gesicht geschrieben sein? Und kann man das überhaupt selbst bestimmen? Macht einen nicht das Leben zu dem, wer man ist? Sicher auch. Und doch kann ich an Weggabelungen entscheiden, ob und wie ich weiterziehe. Und ich kann jene Charaktereigenschaften fördern, die ich in und an mir wachsen sehen möchte.

Deshalb lohnt es sich, für sich selbst einmal eine Art Zielformulierung zu beschrieben. Dabei können folgende Fragen helfen: Welche Eigenschaften sollen mich prägen? Wie möchte ich in fünf, zehn und zwanzig Jahren sein? Welches Lernfeld möchte ich bearbeiten? Wer will ich einmal sein?

Ich war einmal mit einigen Hundert jungen Leitenden für ein Wochenende unterwegs. Beim Abschlussgottesdienst wurden wir gebeten, nach vorne zu kommen und zu erzählen, welche Eindrücke wir in den letzten Tagen gesammelt hatten. Viele kamen ans Mikro und sagten etwas in der Art wie:»Ich bin Stefan. Und ich bin Jugendpastor in der Gemeinde XY.« Oder:»Ich heiße Maria und bin Diakonin in einem Jugendhaus.« Irgendwann kam einer nach vorne, der meinte:»Ich bin Kind Gottes, habe Humor, bin unsportlich, aber wortgewandt. Und ich arbeite als Jugendevangelist.« Ich fand das so erhellend. Man ist nicht, was man arbeitet oder tut oder erreicht hat, sondern man ist seine Persönlichkeit. Wer also bin ich? Das ist die entscheidende Frage.

Ich habe für mich versucht, in Eigenschaften zu beschreiben, welcher Mensch ich sein möchte. Dafür habe ich einige Zeit gebraucht. Ein ganzes Wochenende habe ich mich zurückgezogen, um auf diese vier Worte zu kommen, die mich in Zukunft beschreiben sollen. Vielleicht erscheint dir das unnötig oder gar zu abstrakt. Aber mir hilft es, diese Worte vor meinem inneren Auge zu haben, wenn ich Entscheidungen treffen muss oder ich meiner Alltagsarbeit nachgehe.

Folgende Worte sollen mich beschreiben: DANKBAR. GEGENWÄRTIG. LEIDENSCHAFTLICH. LERNBEREIT. Sie hängen an meinem Monitor am Schreibtisch. Fast täglich schaue ich auf sie und erinnere mich daran, *wer* ich sein möchte.

Daneben habe ich auch lange nach einem passenden Bibelvers für mein Leben gesucht. Es sollte einer sein, der beschreibt, *wer* ich sein möchte, welches Ziel ich verfolge, und der gleichzeitig meine Geschichte und Persönlichkeit widerspiegelt. Bill Hybels gibt einige hilfreiche Tipps, wie man zu so einem Leitvers kommt.[31] Er rät, dass er einen Aufruf zum Handeln beinhalten, persönlich, kurz und voller Hoffnung sein soll.

Ich habe einen Urlaub damit verbracht, die markierten Verse in meiner Bibel zu durchforsten, um zu prüfen, ob ein passender Vers für mich dabei wäre. Am Ende bin ich bei meinem Konfirmationsspruch hängen geblieben:»Die Freude am Herrn ist eure Stärke!« (Nehemia 8,10c). Darin steckt für mich die Aufforderung, mir keine Sorgen zu machen und mich zu freuen. Die Hoffnung ist die Stärke, die mir Gott geben wird, und kurz ist er außerdem. Ich habe mich dann mehrere Wochen mit diesem Vers und der Geschichte dahinter beschäftigt, ihn mir ausgedruckt und überall aufgehängt. Ich möchte ein Mensch werden, der diese Freude an Gott in sich trägt und deshalb stark ist. Und der diese Stärke, die von Gott kommt, an andere weitergibt.

Hast du ein Lebensmotto? Oder Eigenschaften, die dich beschreiben sollen, einen Leitvers? Diese Dinge helfen, um das Ziel klarer vor Augen zu haben. Nimm dir Zeit, danach zu suchen. Sie können zur prägenden Hilfe und zielführend werden.

UMWEGE GEHEN

Eigentlich sollte das beim Gehen auf dem Jakobsweg nicht passieren: Umwege. Die Pilgerwanderung ist durch die gelbe Jakobsmuschel auf dem blauen Untergrund so gut markiert, dass du oft schon von Weitem die kleinen Schildchen am Wegesrand siehst. Meiner Freundin und mir ist es trotzdem passiert. Und zwar oft. Wir wollten keine große Tour machen und waren nur für ein paar Tage im Osten Deutschlands unterwegs. Aber immer wieder landeten wir auf Wanderwegen und schließlich auch an Orten, zu denen wir nie hinwollten. Weil wir kein gutes Kartenmaterial hatten, dauerte es immer eine Weile, bis wir den Weg zurück fanden. Lag es an uns und unseren Gesprächen oder daran, dass an diesem Abschnitt des bekannten Pilgerpfads die Ausschilderung nicht perfekt ist? Egal. Es waren jede Menge Umwege für die kurze Strecke zwischen Start und Zielpunkt. Angekommen sind wir trotzdem irgendwann.

Ähnliches kenne ich leider gut von meiner Reise in die Herzheimat. Ich habe mir vorgenommen, das Ziel vor Augen zu behalten, ich habe mir die Ratschläge, die ich in den vergangenen Kapiteln beschrieben habe, im wahrsten Sinne des Wortes »zu Herzen« genommen, und dann bin ich nachlässig geworden. Oder habe mich anderen Dingen zugewandt. Oder war nicht aufmerksam genug. Oder der Alltag war zu einnehmend. Auf diese Weise bin ich auf Wegen gelandet, die ich eigentlich nicht gehen wollte. Gerade dann gilt es, mich selbst zu ermutigen und auf den ursprünglichen Weg zurückzukehren. Ich sage mir: »Auf geht's. Weitermachen!« Das ist zum Beispiel bei den Übungen am Morgen für mich wesentlich. Ich schaffe es manchmal nicht, mir jeden Tag Zeit für Stille, für das Bibellesen oder Gebetseinheiten einzuräumen. Dann erinnere ich mich daran, dass ich aus dieser Stille heraus lebe, und tapse auf den Weg zurück. Oder wenn ich meinen Lebensrhythmus nicht einhalte. Dann erinnert mich mein »Gehetztsein« an den Umweg, auf dem ich mich wohl gerade befinde. Ich muss also eine Pause machen und mich orientieren, bis ich wieder die Hinweisschilder sehe und meinen Rhythmus finde.

Was aber ist mit den großen Umwegen und Fehlentscheidungen an einer Weggabelung? Führen sie mich weg von mir selbst? Verliere ich mich und muss dann wieder zum Anfang zurück? Wird es mich zu viel Kraft kosten, um den Weg nach Hause zu finden? Ja, das kann passieren. Es wird Zeit und Kraft kosten. Und vielleicht Wunden hinterlassen. Und zugleich ändert das nichts daran, dass es sich lohnt, die Reise wieder aufzunehmen, den Weg zu suchen. Und mir sicher zu sein, dass Jesus mich begleitet. Diese Wege mitgeht. Deshalb möchte ich gnädig werden mit mir selbst. Will lernen, auf einem Umweg die Ruhe zu bewahren und um Hilfe zu bitten. Bis ich wieder das Ziel vor Augen habe und klarer sehe. Wer weiß: Vielleicht hätte ich manches Abenteuer nicht erlebt, wenn ich diesen Weg nicht gegangen wäre.

Wer weiß: Vielleicht hätte ich manches Abenteuer nicht erlebt, wenn ich diesen Weg nicht gegangen wäre.

AM WEGRAND WARTEN

Der bekannte Kletterprofi und Extrembergsteiger David Lama war in Patagonien unterwegs. Sein Ziel war es, den bizarren Berg Cerro Torre als erster Mensch frei, das heißt ohne Seil, zu besteigen. Er war gut vorbereitet im ersten Winter 2009/2010. Aber nach wochenlanger Wartezeit am Fuß des Berges musste er abbrechen. Das Wetter war durchgehend so schlecht, dass auch nicht im Entferntesten daran zu denken gewesen wäre, den Gipfel zu erklimmen. Es muss frustrierend gewesen sein, Woche für Woche, Tag für Tag, Stunde für Stunde im Zelt zu warten. Immer wieder ein Blick nach draußen. Nur um festzustellen, dass die Sonne nicht reichen würde, um dem Wind, der eisigen Kälte und vor allem dem Nebel Einhalt zu gebieten. Selbst im Film, der darüber gedreht wurde, spürt man die Ungeduld, die wachsende Verzweiflung und am Ende die bittere Erkenntnis, dass man unverrichteter Dinge wieder nach Hause fliegen musste. Es sollten noch Jahre des Wartens, der Kritik und auch des Scheiterns kommen, bis der österreichische Extrembergsteiger am Gipfel des Cerro Torre ankommen sollte. Aber das Warten hat sich gelohnt. Am Ende hat er sein Ziel erreicht. Im Nachhinein sagt David Lama über die Jahre des Wartens auf gute Bedingungen, dass sie aus ihm erst einen echten Bergsteiger gemacht haben. Davor konnte er einfach nur gut klettern. Jetzt wisse er, was es bedeute, mit den Bedingungen am Berg umzugehen.

Wir sind auf dem Weg, noch nicht am Ziel. Uns prägt jedoch keine bloße »Himmelssehnsucht«. Wer unterwegs ist, dem geht es nicht ausschließlich um das Ziel. Sondern es geht auch und vielleicht vor allem um den Weg. Darum, den Aufbruch zu erleben und die Reise in das innere Zuhause anzutreten.

Wer irgendwann ankommen möchte, wird auch Zeiten des Wartens erleben. Es geht nicht weiter, weil Hindernisse den Weg blockieren oder schlicht das Wetter so schlecht ist, dass ein Weitergehen unmöglich ist. Warten kann und muss man auch auf Gefährten, die vielleicht nicht so schnell mitkommen können, wie man sich das erdacht und erträumt hat. Das kostet Kraft und ist unliebsam. Es geht um diese verhasste Zeitspanne zwischen der Stelle, an der wir gerade stehen, und der, zu der wir gerne gelangen wollen. Es ist ein Ort, der uns nicht gefällt. Wir wollen endlich ankommen und wir möchten das, was gerade ist und war, hinter uns lassen.

Und doch glaube ich, dass diese Orte, an denen wir warten oder sogar warten müssen, von entscheidender Bedeutung sind. Sie können Kraft geben und uns eine nötige Verschnaufpause gönnen. Und: Sie erinnern uns daran, dass wir eben noch nicht angekommen sind.

Auf dem Weg sind. Klar, die Sehnsucht nach der Heimat treibt uns voran. So war es schon immer. Die ersten Christen sprechen davon, dass diese Sehnsucht sie oft traurig und unglücklich macht. Sie können nicht aufhören zu seufzen. Heute würden sie vielleicht sagen: »Das Leben hier auf der Erde ist Warten auf das Weiterkommen und der Weg, der noch vor uns liegt. Wir können noch nicht hundertprozentig sagen, was am Ende sein wird. Ob wir tatsächlich ankommen? Ob das Zuhause so sein wird, wie wir uns das ausmalen? Aber bis dahin bleibt: ›Unser Leben hier auf der Erde ist ein Leben des Glaubens, noch nicht ein Leben des Schauens‹« (nach 2. Korinther 5,7; NGÜ).

Die Bibel lässt ahnen, dass ein Wert im Warten an sich liegt. Rund um die Geburt von Jesus wird von wartenden Menschen berichtet: Zacharias und Elisabeth, Maria, Simeon und Hanna. Wenn es um die Auferstehung von Jesus geht, wird uns der Gott bewusst, der wartet – ganze drei Tage lang. Auch die Psalmen sind voller Worte des Wartens. Durch das ganze Alte Testament zieht sich das Thema: »Meine Seele wartet auf den Herrn« (Psalm 130,6).

Die Menschen, von denen die Bibel erzählt, wissen genau, auf was sie warten. Ihnen ist eine Verheißung geschenkt worden. Oft wird das mit Bildern aus der Natur beschrieben. Die Menschen glauben dem Versprechen, dass ein guter Same aufgehen und Frucht bringen wird. Aber noch ist nichts sichtbar. Noch ist da nur die Überzeugung, dass etwas geschieht, bei dem sie dabei sein wollen.

Allerdings: Warten ist nicht zwangsläufig passiv. Es kann mich in die Gegenwart führen. Und hin zur Geduld. Weil ich nun mal nichts ändern kann und es nichts bringt, ungeduldig mit »den Hufen zu scharren«. Wenn ich klug bin, besinne ich mich, komme zur Ruhe, nutze die Zeit des Wartens, um Kraft zu schöpfen für den Weiterweg. Etwas anderes tun kann ich nämlich in solchen Zwischenzeiten nicht. So halte ich mir das Ziel vor Augen und das Warten an sich bekommt einen Sinn. Und wird aktiv und von der Hoffnung bestimmt.

Vielleicht sind es genau diese Zeiten, in denen wir ungeduldig warten, bis wir endlich loslegen können, in denen Jesus in unserem Herzen aktiv ist. In denen er uns umgestaltet. Vielleicht sind es genau diese Zeiten, die uns auf das große Ziel vorbereiten. Vielleicht ist es wie bei David Lama, der wochenlang in diesem kleinen Zelt in Patagonien verharren musste. Erst nach Jahren des Wartens und schlechten Wetters, in denen er immer wieder Versuche unternahm, konnte er den Berg besteigen und sein Ziel erreichen. In dieser Zeit, so sagt der Profisportler, hat sich seine Kletterseele verändert. Könnte das nicht auch auf uns zutreffen? Dass wir in diesen offensichtlichen »Schlecht-Wetter-Phasen« verändert werden,

Vielleicht sind es genau diese Zeiten, in denen wir ungeduldig warten, bis wir endlich loslegen können, in denen Jesus in unserem Herzen aktiv ist.

umgestaltet werden? Und zwar von dem, der in unserem Herzen wohnt und das Ziel und den Weg besser kennt, als wir je ahnen? Es gehört zum Pilgern, zum Reisen, zum Unterwegssein dazu: das Warten. Ich halte Jesus in solchen Zeiten also mein Herz hin und sage: »Ich kann gerade nicht weiter. Bitte handle du an mir. Gestalte mich und verwandle meine Seele hin zur Herzheimat.«

Fakt ist: Es wird Zeiten des Wartens geben. Weil Umstände mich nicht weiterkommen lassen, weil mir die Kraft fehlt oder schlicht die Möglichkeiten es nicht erlauben. Dann möchte ich lernen, geduldig zu sein, den Dingen beim Wachsen zuzuschauen und zu verschnaufen. Gott wird handeln.

IN BEWEGUNG BLEIBEN

Wir haben gesehen: Es braucht die lebenslange Aufbruchsstimmung, also die Bereitschaft, zu lernen und Fragen zu stellen. Wir werden Umwege gehen. Es wird Zeiten des Wartens geben. Es gilt, das Ziel vor Augen zu haben. Was braucht es nun weiter, um auf dem Weg zu bleiben? Wir müssen in Bewegung bleiben, unsere Schritte müssen fester werden. Dabei lernen wir auch, mit Zweifeln und Rückschlägen umzugehen.

Zweifeln ist in Mode gekommen. Sich festlegen und überzeugt sein ist in diesen Tagen nicht einfacher geworden. Es ist »en vogue«,

Fragen zu stellen und infrage zu stellen. Klar ist: Wir brauchen diesen Raum des Zweifelns. Es gibt keinen Glauben ohne ehrliche Fragen. Es gibt keine Überzeugung ohne Zweifel.

Aber wir treten auf der Stelle, wenn es um das Zweifeln und Fragen an sich geht. Dann wird nicht mehr gefragt, um zu einer Überzeugung zu gelangen. Es wird nicht mehr gezweifelt, um wieder sicher zu werden. Sondern es geht um die Unsicherheit an sich. Zerrissenheit und fehlende innere Sicherheit sind die Folge. Wir bleiben stehen oder erstarren sogar. Nebenbei gehen Abenteuerlust und die Neugierde auf die neue Heimat verloren. Deshalb gilt es eben auch – neben dem Fragen –, Entdeckungen zu teilen, Überzeugungen zu leben und so innerlich sicherer zu werden. Zweifeln soll nämlich nicht zum Stillstand führen. Es geht darum, in Bewegung zu bleiben.

Wenn Zweifel kommen, ob ich wirklich auf dem richtigen Weg bin, hilft es mir, eine Tatsache zu bedenken: Die Wahrheit werde ich nicht subjektiv in mir und meinen Gedanken finden. Meine Gefühle und Zweifel sagen nichts über Gott aus. Am Ende werden nicht mein Glaube oder meine Meinung entscheidend sein, sondern ob Gott die Wahrheit ist.

Und so bleibt mir nichts in meinen Zweifeln, als mich an Gott selbst zu wenden. In Beziehung zu treten. Mit ihm meine Zweifel zu besprechen. Mit wem auch sonst?

Als sich einmal viele Menschen von Jesus abwendeten, fragte er seine Jünger: »Wollt ihr auch weggehen?« (Johannes 6,67b). Petrus antwortete: »Wohin sollten wir gehen?« (Johannes 6,68b). Wenn ich zweifle und mich frage, ob ich auf dem richtigen Weg bin; wenn die großen Unsicherheiten kommen, ob der Glaube trägt, dann wende ich mich an Gott selbst. Vielleicht erscheint das dir unlogisch. Aber ich halte mir vor Augen, dass ich die Wahrheit nicht in mir und meinen Fragen und Gefühlen finden werde. Und wenn Gott wirklich Gott ist – ist er der einzige Ort, wo ich diese Zweifel und Fragen ehrlich loswerden kann. So komme ich wieder in Bewegung.

Jesus hat uns in die Nachfolge hineingerufen. Unsere Schritte werden dann fester, wenn wir hinter ihm herlaufen und uns mit unseren Zweifeln an ihn wenden.

Ich mag es, wie eine gute Freundin sich in diese Jesus-Nachfolge-Bewegung hineinbegibt. Sie erinnert mich daran, wie wichtig es ist, Fragen zu stellen und Jesus hinterherzulaufen. Noch gut erinnere ich mich an ein Schlüsselerlebnis mit ihr: Die Tür meines Büros ging auf. Mir gegenüber stand eine blonde Schönheit Anfang bis Mitte 20. Die Wimpern waren angeklebt, die Frage echt. »Wie wird man gläubig?« Sie setzte sich. Damit begann eine lange Weggemeinschaft, die bis heute andauert. Mehr als ein Jahr lang hat sie Fragen gestellt, wir haben miteinander Bibel gelesen und zaghafte Versuche unternommen, zu beten. Dabei folgten wir einer Art Kurs zum Glauben. Es war gut, Material zu haben, anhand dessen wir uns orientieren konnten. Jede Menge Schokolade und Kaffee standen neben den leitenden Fragen da. Nach einem Jahr traf sie ihre Entscheidung, sich taufen zu lassen. Und seitdem ist sie auf dem Weg. Als sie damals zur Tür hereinkam, kannte sie nichts außer einem kurzen Gebet, das die Oma am Bett gebetet hatte. Heute gibt sie selbst Religionsunterricht, erzählt biblische Geschichten. Und sie betet. Immer noch staune ich über ihre Art, das zu tun. Ihre Worte und ihre Lieder klingen anders, als ich es gewohnt bin. Immer weiter stellt sie Fragen. Und doch ist sie auf dem Weg. Und lernt und geht weiter. Und das möchte auch ich tun.

DIE SEHNSUCHT WACHHALTEN

Wer sich zu einer Reise aufmacht, wird von einer Sehnsucht getrieben. Den Reisenden treibt die Lust anzukommen, eine Entdeckung zu machen oder das Ziel zu erreichen. Das gilt auch für unsere innere Reise. Der Wunsch, ganz zu Hause bei Gott anzukommen, kann genährt werden. Wie kann diese Sehnsucht wachbleiben? Vor allem durch zwei Dinge: erstens durch die große Gottesgeschichte, die von Menschen berichtet, die ihre Heimat gefunden haben. Und zweitens durch Begegnungen mit dem Heimatstifter selbst.

Die große Gottesgeschichte erzählt von heimatlosen und gefundenen Menschen. Deshalb ermutige ich dich dazu: Lies die Bibel! Am besten täglich. Vielleicht ist es so, wie wenn man einen Reiseführer liest.

Die Beschreibungen von bizarren Landschaften, dem Verkehr und der Mentalität der Einheimischen lassen ein erstes Bild entstehen und vertiefen die Sehnsucht, endlich die Reise anzutreten. So werden wir zu Lernenden. Die große Geschichte des heimatlosen Gottes hilft mir als Herzensflüchtling, die Sehnsucht nach der Heimat wachzuhalten. Und weiter braucht es Treffpunkte mit dem, der im Herzen wohnt. Innige Gespräche, Small Talk, gemütliche Abende und gemeinsame Erlebnisse. Ich ermutige dich zum Beten. Ich meine damit nicht die leeren Worthülsen. Sondern ich meine dieses »gefährliche« Gebet, das Gott herausfordert. Ich meine das ungenierte und ungezwungene Gespräch eines Kindes mit seinen Eltern. Ich meine das Gebet, das verzweifelt ist, das wild ist, das überschwänglich, das ehrlich ist. Ich nenne Gott meinen Liebhaber. Ich flehe und erwarte Heilung. Ich besuche die inneren Altäre und folge so meinem Herzensrhythmus. Bei mir persönlich bedeutet das, dass ich mir feste Zeiten für das Gebet eingeplant habe. Sonst geht es so schnell unter. Und ich habe mir vorgenommen: »Sei Pippi – nicht Annika!« Ich möchte wie Pippi Langstrumpf frech und ungehobelt und fordernd beten! Ich habe große Lust darauf, Wunder zu erleben!

Ich möchte wie Pippi Langstrumpf frech und ungehobelt und fordernd beten!

Wie klingen deine Gebete? Sind sie brav und angepasst wie »Annika« (die nette Freundin von Pippi Langstrumpf) oder sind sie frei und offen und verzweifelt und übermütig? Die Art, wie du betest, wird deine Heimat entscheidend bestimmen. Passen deine Gebete zu dir? Zu deinem Wesen, deinen Worten, deinen Gefühlen? Und werden die »Treffpunkte« mit dem Heimatstifter selbst die Sehnsucht nach Heimat vertiefen?

Ich mache dir Mut, aufzubrechen. Der Gott, der mitgeht, ruft dich. Der Nomadengott lockt dich. Und schließlich lädt dich der Wander-Prediger Jesus ein: »Geh mir nach!« Deshalb breche auch ich auf. Wo es sein muss, äußerlich. Aber vor allem im Herzen, wo eine Pilgerseele wohnt.

Wenn dein Boot, seit Langem im Hafen vor Anker, dir den An-
schein einer Behausung erweckt,
wenn dein Boot Wurzeln zu schlagen beginnt in der Unbeweglich-
keit des Kais:
Such das Weite.
Um jeden Preis müssen die reiselustige Seele deines Bootes und
deine Pilgerseele bewahrt bleiben.

Dom Hélder Câmara[32]

HEIMATHAFEN

- Wo und wann hast du das letzte Mal ein Fremdheitsgefühl erlebt? Was hat das in deinem Leben verändert?
- Wie gehst du mit Zweifeln und Rückschlägen um? Wie hältst
  du die Sehnsucht nach dem Heimatland wach?
- Wie betest du?

KAPITEL 11

Gehen, um zu bleiben

Die vorangegangenen Kapitel sollen dich locken, dich selbst besser kennenzulernen. Und: Gott in deinem Herzen zu begegnen. Die Texte sind eine Einladung. Jesus meint es ernst und wörtlich: Er lebt in uns. Es wird entscheidend sein, ihm in unserem Herzen zu begegnen. Deshalb lohnt sich diese Reise in die eigene Herzheimat.

Und zugleich: Ich sehne mich nach mehr. Ich möchte mich nicht nur mit mir selbst beschäftigen. Möchte nicht ausschließlich um mich selbst kreisen. Ich kann nicht nur davon reden, mich selbst zu finden und darin Gott zu begegnen. Es geht darüber hinaus. Meine Identität, mein Glaube, meine Herzheimat werden eben auch von Beziehungen geprägt. Wenn Gott uns Heimat ins Herz pflanzt, dann pflanzt er sie mit der Sehnsucht nach Gemeinschaft. Jeder, der in sich zu Hause ist, trägt auch eine Pilgerseele in sich. Diese Pilgerseele will aufbrechen. Hin zu Menschen. Wer erlebt hat, dass Gott in ihm lebt, der kann nicht anders, als loszulaufen. Er sehnt sich nach einem Gegenüber. Beziehung. Nach einem Wir.

Deswegen brechen Männer und Frauen mit einer Herzheimat auf. Hin zu den Menschen. Sie sind keine getriebenen, unruhigen Flüchtlinge. Nein. Sie sind in sich und in Gottes Vaterland zu Hause. Und sie sind bereit, auf andere zuzugehen und sich vom Nomadengott rufen zu lassen. Sie gehen, um zu bleiben. Bei Menschen.

Was braucht es, um aufzubrechen zu den Menschen? Wie findet echte Gemeinschaft statt? Wo beginnt Beziehung? Wie kann der Aufbruch zum Gegenüber konkret werden?

Ich bin überzeugt: Es geht darum, fragend in das Leben der anderen zu treten. Dafür braucht es die Bereitschaft, Gast zu werden. Und es braucht die Bereitschaft, zuzuhören. So kann echte, aufrichtige Beziehung entstehen und wachsen.

GÄSTE WERDEN

Besonders spannend sind ja immer die Begegnungen mit Menschen, die so ganz anders sind als wir. Welche Themen bewegen sie? Wie gestalten sie ihren Alltag? Über was unterhalten sie sich? Oft wundere ich mich über eine so ganz andere Haltung zum Leben. Gleichzeitig schleicht sich oft ein weiteres Gefühl dazu: Fremdheit. Der andere hat so ganz andere Vorstellungen, Wünsche und Lebensinhalte als ich. Das lässt mich manchmal zurückschrecken. Doch anstatt mich wieder auf meine Welt und meinen Alltag, meine Worte und mein sicheres Gebiet zurückzuziehen, möchte ich lernen, diese Fremdheit auszuhalten. Ich möchte lernen, Gast zu werden im Leben des anderen. Ich möchte lernen, mich ganz auf die Welt meines Gegenübers einzulassen. Gott hat das auf seiner Heimatsuche bei den Menschen ja auch getan. Er wurde »Gast auf Erden« und wohnte dort, wo man ihn wohnen ließ.

Könnte nicht das der Anfang einer ehrlichen Beziehung sein? Dass ich mich hineinversetze, hineinfühle und mich fragend im Leben des anderen umschaue? Vielleicht ist es so, wie wenn man eine fremde Wohnung betritt. Man sieht sich vorsichtig um, stellt Fragen. Bilder, Fotos und die Einrichtung öffnen den Blick in die Familie, den Freundeskreis, die Ästhetik, die Hobbys und die Vorlieben. Oft tut sich eine ganz neue Welt auf. Häufig habe ich danach den Eindruck, viel mehr über einen Menschen zu wissen, von dem ich davor nur wenig kannte. Mit dieser gesunden, sanften Neugierde möchte ich Beziehung gestalten. Ich möchte ehrliche Fragen stellen, Interesse zeigen und lernen zu verstehen, warum der andere ist, wie er ist. Das gilt nicht nur für Beziehungen mit Menschen, die mir auf den ersten Blick fremd sind. Mit dieser Haltung können auch Beziehungen an Qualität gewinnen, die schon lange etabliert oder sogar festgefahren sind.

Die folgenden Worte habe ich formuliert, um festzuhalten, wie ich fragend und als Gast in das Leben eines anderen treten möchte:

Wir reden von unseren offenen Türen,
offenen Wohnungen.
Tretet ein!
Wir bewirten, bedienen, machen es bequem.
Wir lieben es, Gäste zu haben,
halten alles sauber
und extra Zimmer bereit.
Wir geben gerne Einblick in unsere Welt.
»Mein Leben ist dein Leben«,
sagen wir so gerne
und vergessen
bei aller Gastfreundschaft,
Gäste zu werden.
Ich frage mich:
Wo treten wir in Räume,
laden uns ein
und treten fragend in das Leben anderer?
Wo lassen wir uns ein auf
»Mein Leben ist dein Leben!«?
Wo stehen wir an Türen,
mit pochendem Herzen?
Ob wir tatsächlich eintreten wollen?
Wo staunen wir über Gastfreundschaft?
Ich frage mich: Wo?
Wo machen wir uns auf den Weg

aus unseren offenen Wohnungen,
aus unserer Gastfreundschaft
und lassen uns einladen
in ihre Wohnungen, Häuser, Leben?
Ich glaube!
Nicht nur Gastfreundschaft,
sondern vor allem Gast zu werden,
ist unsere Aufgabe.

So taste ich mich vor und möchte lernen. Fragen stellen. Dabei lerne ich von dem, der sich selbst eingeladen hat und ehrliche Beziehung gelebt hat (Lukas 19,5). Ich ahne, dass es nicht nur meine Beziehungen verändert, wenn ich mit dieser Haltung lebe. Diese Einstellung könnte uns als Christen im Gesamten verändern. Ich bin mir sicher, dass die Kirche eine andere wäre, wenn wir fragend als Gäste in das Leben der anderen treten würden. Hat nicht diese Haltung das Potenzial, unseren Blick auf die sogenannte »Mission« zu verändern?

REDE. SCHWALL.

Ich lerne noch mehr von dem Heimatgeber selbst. Ihm geht es um ehrliches Interesse. Das erste niedergeschriebene Gespräch zwischen Gott und Mensch findet in der Ursprungsheimat statt (1. Mose 3,9-19). Das Paradies ist der Ort, an dem Mensch und Gott ungestört miteinander reden können. Und es beginnt damit, dass Gott zuhört! Er stellt eine Frage: »Wo bist du?« Damit eröffnet er das Gespräch. Der Gott, der die Welt geschaffen hat, gibt dem Menschen Raum. Zum Erzählen. Zum Ausholen. Zum Erklären. Er stellt eine Frage, obwohl er die Antwort schon längst kennt. Wie weise und tief, dass Gott schon hier den entscheidenden Hinweis gibt: Der Weg hin zum anderen beginnt damit zuzuhören.

Wie oft sind wir versucht, unsere Geschichte zu erzählen oder eine Botschaft zu platzieren. Wir neigen dazu, zu argumentieren und zu diskutieren. Der Weg hin zum anderen und damit zu echter Beziehung entsteht jedoch durch Zuhören und damit, die richtigen Fragen zu stellen. Das ist eine Lebenshaltung. Ich gebrauche den anderen dann nicht mehr nur dafür, dass er mir recht gibt oder ich von ihm gesehen werde. Echte Zuwendung startet mit ehrlichem, interessierten Nachfragen und Zuhören. Das bedeutet: Ich darf und muss mich selbst zurücknehmen und für mein Gegenüber Platz schaffen. Es darf zum Zug kommen. Ich löse mich davon, schon zu wissen, was es zu sagen hat, und werde aufmerksam für das, was es wirklich meint. Gutes Zuhören ist eine Frage der Übung. Mit welcher körperlichen Haltung begegne ich meinem Gesprächspartner? Wie abgelenkt bin ich? Formuliere ich im Kopf schon meine Antwort? Ein Gegenargument? Oder versuche gar, mich zu rechtfertigen? Ich möchte mich in dieser Kunst üben und vom Heimatstifter Gott lernen. Denn ich habe noch viel Nachholbedarf …

Es hatte ganz fromm begonnen. Ich war motiviert, den Kindergarten unserer Kinder zu verändern. Natürlich mit Gottes Hilfe. Also habe ich einen Gebetskreis gegründet. Die Mütter und Väter warfen tatsächlich ab und an ein Gebetsanliegen in den vorgesehenen Kasten. Und immer mehr berufstätige, gestresste Eltern oder interessierte Hausfrauen kamen zum Treffen dazu. Eines Tages kam ich in den Raum und mir gegenüber saß eine Frau, die zum ersten Mal da war. Ich stellte mich vor und dachte: »Ich muss unbedingt für sie beten. Vielleicht kann ich sie segnen?!« Ich packte also mein nettestes Lächeln aus. Erzählte von der kleinen Liturgie, die wir miteinander gestalten. Von der Bedeutung des Gebets. Und warum wir das Vaterunser an den Schluss stellen. Ich selbst sei in der evangelisch-lutherischen Kirche aktiv. (Das klingt immer seriös und nicht so abgedreht wie: »Ich mache einen Gebetskreis!«) Mein Redeschwall endete und ich war überzeugt, einen netten, sympathischen Eindruck gemacht zu haben. »Und du?«, frage ich dann vorsichtig. »Hast du ein bestimmtes Gebetsanliegen?« Die Frau schaute mich an und meinte nur: »Ich bin die Pfarrerin und wollte hören, was Sie hier so tun.«

Wieder einmal war ich in meine »Ich erzähle euch, wie das Leben ist«-Falle getreten. Wieder einmal hatte ich gedacht, allen Mühseligen dieser Welt »das Heil« bringen zu können. Und wieder einmal war ich damit gehörig auf die Schnauze gefallen. Ich hatte nicht zugehört. Und meine Fragen nicht erst am Ende gestellt – wenn überhaupt. Auf diese Weise hatte ich jemanden vor den Kopf gestoßen. (Übrigens bin ich ziemlich froh, dass diese damals fremde Frau inzwischen eine gute Freundin und Vertraute geworden ist.)

Erst verstehen, dann verstanden werden!

Immer wieder lerne ich, manchmal auch auf schmerzhafte Weise, was *das* entscheidende Prinzip auf dem Weg hin zu den Menschen ist: »Erst verstehen, dann verstanden werden!«[33]

EIN DACH FÜR DIE SEELE

Wenn ich über tragfähige Beziehungen nachdenke, lande ich unweigerlich beim Thema »Gemeinschaft«. Und damit bei der Frage, wie Gemeinschaft auch ein Heimatort sein kann. Ist nicht die Kirche im besten Fall so ein Heimatort? Ich habe mein Herz an die vielen Pioniere und Gründerinnen verloren, die sich nach Orten sehnen, an denen Menschen Gott begegnen können. Ich gehöre selbst zu ihnen. Ich durfte erleben, wie Menschen einen Platz zum Sein in einer Gemeinde gefunden haben. In der Jugendkirche *LUX – Junge Kirche Nürnberg*, als Referentin bei *Fresh X. Kirche. Erfrischend. Anders* und in der Begleitung einiger Gemeindegründungsprojekte. Dieses Vorrecht prägt mein Leben. Die Initiativen passen nicht in unser Schema und entsprechen oft nicht unserer Vorstellung von Kirche, aber sie bieten Heimat. Und darum geht es. Dass Menschen ankommen. Sich wohlfühlen. Es entsteht etwas Wunder-voll-es, wenn sie dann auch noch Gott und sich selbst begegnen. Wie zum Beispiel bei dieser Frau:

Ich treffe sie nach einem Gottesdienst. Sie meint, dass sie hier, in dieser Gemeinde, Heimat gefunden habe. Ihr Mann: Moslem, Ingenieur, Syrer. Sie: Wissenschaftlerin, katholisch, 50 plus. Zusammen haben sie ein Kind. Ich stelle Fragen.»Wie kann es sein, dass du ausgerechnet hier Heimat gefunden hast?« Sie antwortet: »Ich fühle mich hier irgendwie wohl. Diese Gottesdienste sind zwar nur ab und zu. Aber es ist nicht zu hochgeistlich und hier gibt es irgendwie so eine Prägung, die ich unserem Jungen mitgeben will. Da fehlen mir nämlich die Worte dazu.« Ihr Mann kommt nicht mit. Dafür ihr gemeinsames Kind. Ich wundere mich. Wir führen dieses Gottesdienstformat nur sechsmal im Jahr durch. Und das auch noch nicht sehr lange. Alles, was wir bieten, ist ein Thema, eine gute Band und Experten, die wir auf die Bühne holen. Außerdem gibt es nach dem Gottesdienst ein Glas Sekt, weil wir auf das Leben anstoßen wollen. Das ist alles. Kein besonders ausgeklügeltes Konzept. Und trotzdem sitzt sie vor mir und erzählt scheinbar völlig selbstverständlich davon, dass sie hier Heimat gefunden habe. Sie nennt es »ein Dach für die Seele«.

Und dann fallen mir gute Freunde ein: Seit Jahren sind sie auf der Suche nach einer – so nennen sie das – »geistlichen Heimat«. Aber sie kommen nie an. In der ersten Gemeinde wollten sie sich im Bereich Musik einbringen. Durften sie nicht. Es sollten die Lieder gespielt werden, die vorgegeben waren. In der nächsten Gemeinschaft war die Leitung zu autoritär. In der Kirche, in der sie dann landeten, war das Kinderprogramm lieblos gestaltet. Zurück bei der ersten Gemeinde fanden sie keine Freunde. Bis heute sind sie nicht angekommen.

Ich frage mich: Wie kann es sein, dass Menschen für sich ein »Dach für die Seele« gefunden haben, obwohl diese Gottesdienstform offensichtlich keinen herkömmlichen Formaten entspricht und wieder andere sich nicht zu Hause fühlen, obwohl die Gemeinden, die sie besuchen, sich ernsthaft große Mühe geben? Wie kommt es, dass an einer Stelle kirchliche Heimatorte entstehen und an anderer kein Ort zum Bleiben ist? Warum können so wenige Gemeinschaften wirklich Heimat geben? Was muss passieren, damit Menschen sagen können: »Hier bin ich daheim!«? Wie wird aus einer Gemeinschaft ein Dach für die Seele? Wir träumen davon, dass unsere Gemeinden Weggemeinschaften sind. Zusammenschlüsse von Pilgern und Beheimateten. Von Menschen mit dem Himmel im Herzen. Es geht darum, Anschluss und Freunde zu finden. Zweifeln zu dürfen. Einen Platz zu haben. Und: die großen Fragen stellen zu dürfen. Ich brauche so einen Ort, den ich »geistliche Heimat« nenne. Wahrscheinlich brauchen wir ihn alle. Seit Jahren denken wir über diese Fragen im Netzwerk *Fresh X. Kirche. Erfrischend. Anders* nach. Beim Besuch von Gemeindegründungsprojekten, im Gespräch mit Pionieren und Gründerinnen lerne ich viel und entdecke so viel Gutes. Im besten Fall steht eine Sehnsucht hinter diesen Initiativen – die Sehnsucht nach Heimat. Danach, selbst ein Dach für die Seele zu haben. Und dieses Dach mit anderen zu teilen. Einige der Entdeckungen, die wir bei Fresh X gemacht haben und die für diese Heimatorte gelten, möchte ich hier zusammenfassen.[34]

1. GESCHENKTE HEIMAT BEGINNT MIT ZUHÖREN!

Wir hatten den Auftrag, eine Jugendkirche zu gründen. Später wurde daraus *LUX – Junge Kirche Nürnberg*. Am Anfang lagen 36 Seiten Papier vor uns. Das Konzept hatte ein Theologe erstellt. Ich glaube, wir haben es auch gelesen. Aber wirklich gestartet sind wir mit vielen Fragen und ganz offenen Ohren. Wir haben uns eingeladen in das Leben der anderen, waren zu Gast. Wir waren fast ein Jahr lang in mehr als 100 Schulklassen unterwegs und haben nachgebohrt: »Wie müsste Kirche aussehen, damit ihr euch wohlfühlt?« »Was wolltest du schon immer einmal loswerden in Bezug auf die Kirche?«

Wir haben Fragen gestellt, Bedürfnisse abgeklopft und zugehört. Das hat lange gedauert und war mühsam und manchmal schmerzhaft. In solchen Momenten haben wir uns fremd gefühlt in »unserer Kirche«, obwohl wir mit Gefährten unterwegs waren. Es lief nicht ohne Herausforderungen ab.

Und doch ist etwas dabei entstanden: Freundschaft. Beziehungen. Gemeinschaft. Community. Das hat Ausstrahlung. Freunde brachten Freunde. Und die wieder ihre Freunde. Da waren so viele, die sich nie hätten träumen lassen, dass Kirche so sein könnte. Es ging nicht sehr heilig zu. Aber wir haben auch nicht hinterm Berg damit gehalten, dass wir das mit Jesus schon erst meinen. Und dass das Kreuz da durchaus stehen bleiben soll. Cola und Freundschaft haben uns jedoch miteinander verbunden.

Wir feierten die ersten Gottesdienste. Wir feierten anders, als wir es gewohnt waren. Bonita, 16 Jahre, meinte einmal: »Was brauchen wir noch mal für einen Gottesdienst? Musik, einen, der was sagt, und so Gebetsgedönse …«. »Gebetsgedönse« hat wehgetan, aber ich erinnere mich daran: Bonita hat gebetet. Es klang anders als bei mir. Aber ja: Es war ein Gebet.

Ich habe gelernt: Gemeinschaften, die mitten im wahren Leben stehen, sind ein Geschenk – ein Geschenk Gottes an diese Welt. Und sie haben immer das Potenzial, ein Heimatort für Menschen zu werden. Dabei haben es Geschenke an sich, dass sie dem Beschenkten entsprechen.

Folgendes Beispiel hilft mir, das noch besser zu verstehen: Nehmen wir an, ich schenke meinem Sohn ein kleines Auto. Das passt zu ihm. Und er spielt einfach. Vielleicht brummt er dazu. Vielleicht lässt er es gegen die Wand krachen. Vielleicht erfindet er Flügel, mit denen es fliegen kann. Ich brauche ihm nicht vorzumachen, wie er damit zu spielen hat. Ich nehme meinem Sohn das Auto auch nicht weg, weil es mich selbst in den Fingern juckt und ich damit spielen will. Er spielt auf seine Weise mit seinem Geschenk.

So ist das auch mit dem Geschenk »Kirche«. Sie passt zu den Menschen, die dort zu Hause sind. Wenn Kirche ein Heimatort sein soll, dann braucht es Vertrautes für die, die dort verwurzelt sind oder sich verwurzeln wollen. Es braucht vertraute Sprache, Musik, Sinnlichkeit. Der Kontext ist mitentscheidend! Wie viele Kirchen arbeiten sich an ihrer veralteten Sprache ab, ihrer trockenen Kultur, ihrer sinnentleerten Ästhetik! Dabei soll Heimat – auch die geistliche – sich doch vertraut anfühlen! Sie ist ja das Geschenk Gottes an diese Welt. Und Gott macht sicher keine Geschenke, die nicht zum Beschenkten passen würden.

Bei der Gründung der Jugendkirche habe ich gelernt: Kirche ist immer geschenkte Heimat! Deshalb mache ich Mut, bei Gemeindegründungs- und Leuchtturmprojekten den ersten Schritt bewusst

> **Gemeinschaften, die mitten im wahren Leben stehen, sind ein Geschenk – ein Geschenk Gottes an diese Welt.**

zu gehen: Hören wir genau hin? Stellen wir ehrliche Fragen? Sind wir bereit, die Ästhetik, die Gestaltung den Menschen anzupassen, die Heimat finden sollen? Damit das Geschenk zu ihnen passt? Oder sind wir mehr damit beschäftigt, unsere eigenen Vorstellungen von Kirche zu verwirklichen?

Welche Sprache, Musik, Gerüche, Bilder, Atmosphäre, Geräusche, Menschen prägen den Heimatort, den du Dach für die Seele nennen möchtest? Wie und wo wächst der Mut, vertraute Sinnlichkeit im Heimatort Kirche zuzulassen?

2. GESCHENKTE HEIMAT BIETET EINEN PLATZ UND DIENSTORT

Was braucht es noch, damit Menschen für sich ein »Dach für die Seele«, einen Heimatort, finden?

Um diese Frage zu beantworten, denke ich an Rüdiger: Er passt nicht zu uns in die Jugendkirche. Er ist zu alt. Schwer krebskrank, und im Knast gesessen hat er auch schon. Aber er will mithelfen. Er behauptet, er sei ein exzellenter Koch. Für die nächste Veranstaltung kocht er also. Und dann gleich für so viele und tatsächlich richtig tut. Er findet so seinen Platz bei uns. Mitten unter pubertierenden Teenagern, durchgeknallten Jugendlichen und besserwisserischen jungen Erwachsenen findet er seinen Platz. An dem er gebraucht wird. Wo er geben kann und wo er nehmen darf.

Wenn ich an Rüdiger denke, wird mir klar: Wer zu Hause ist, der hilft ganz selbstverständlich mit. Das gilt für die Spülmaschine in der eigenen Küche genauso wie für die Kirche. Wer eine Heimat gefunden hat, der bringt sich ein. Selbstverständlich. Einer, der zu Hause ist, sieht, wo er gebraucht wird, und packt mit an.

Trägt nicht jeder Mensch die Sehnsucht in sich, gebraucht zu werden? Wie wichtig ist es zu wissen, dass man gebraucht wird, und dann das Erlebnis zu haben: Ich bin genau am richtigen Platz! Ich werde nicht ausgenutzt, sondern mache hier wirklich einen Unterschied. Wo Menschen ihre Kompetenz einbringen, erleben sie Würde. Es ist die Würde, gebraucht zu werden. Wahrgenommen zu werden. Ernst genommen zu werden.

Ich meine damit nicht die verzweifelte Aufrechterhaltung eines Programms. Viele Gemeinschaften und Kirchen führen Veranstaltungen durch, initiieren Gruppen, haben diakonische Projekte, heißen willkommen und schenken Latte macchiatos aus. Das ist gut. Anstrengend wird es aber dann, wenn es dafür eigentlich nicht genug Mitarbeitende gibt. Dann geht die Suche nach Menschen los, die diese Aufgaben übernehmen können. Der Druck wächst. Und die Botschaft, die mitschwingt, ist diese:»Tu etwas!« Wie oft begegnet mir in Gemeinden die Klage:»Uns fehlen einfach die Mitarbeiter! Alle wollen sich nur noch bedienen lassen! Niemand übernimmt Verantwortung! Wir fühlen uns so ausgebrannt!« Für mich ist das ein Anzeichen dafür, dass hier Aufgaben und Projekte im Vordergrund stehen und nicht mehr Menschen mit ihren Gaben.

Wo Menschen ihre Kompetenz einbringen, erleben sie Würde.

Der Vater der großen Künstlerin Käthe Kollwitz sagte immer zu ihr:»Deine Gabe ist eine Aufgabe!« Ihre künstlerische Gabe wurde zur Lebensaufgabe, die viele Menschen tief berührt hat. Im Heimatort Kirche ist oft nichts anderes zu tun, als Menschen zu helfen, ihrer Sehnsucht zu folgen. Ihre Berufung zu entdecken. Denn Berufungen entstehen gerade oft aus dem Gefühl heraus, nicht ganz zu Hause zu sein. Nicht am richtigen Platz zu sein. Wenn dagegen ein Mensch seinen Platz einnimmt, entsteht Ungeahntes und kaum Vorstellbares. Wer seine Berufung lebt, macht seine Gabe zur Aufgabe. Und erlebt so Verwurzelung und Beheimatung.

Diese Botschaft gilt in doppelter Hinsicht. Sie gilt für dich: Was ist deine Gabe? Machst du sie zur Aufgabe? Wo liegt deine Berufung? Bist du am richtigen Platz? Spannend wird der Weg erst dann, wenn du beginnst, deiner Sehnsucht zu folgen. Und sie gilt für die Kirche als »Dach für die Seele«: An jedem Heimatort braucht es Leerstellen. Es braucht Platz, sich zu engagieren. Sich auszuprobieren. Zu helfen. Sich zu spüren. Seine Gaben zu finden. Und damit seine Aufgabe. Ein Sprichwort sagt:»Glücklich ist, wer glücklich macht!« Können Menschen so in unseren Kirchen und Gemeinschaften zu Hause sein, dass sie zum einen selbstverständlich mithelfen (dürfen) und zum anderen ihre Gaben und damit ihren Platz finden können? Es braucht dazu dienende Leiterinnen und Leiter. Sie sind Mutmacherinnen und Möglichmacher. Ihre Aufgabe ist es, Bedingungen zu schaffen, damit andere sich entfalten können. Sie sollen die »Heiligen zum Werk des Dienstes« (vgl. Epheser 4,11-16) zurüsten. Solche Leiterinnen und Leiter helfen Menschen, ihre Gaben und damit ihre Aufgabe zu finden. So finden sie einen Platz zum Sein und damit Heimat.

Dabei ist es fast nebensächlich, wie viel oder wie wenig Menschen über Gott wissen: Wer seinen Platz einnimmt, begegnet dort oft Gott selbst! Wo eine christliche Gemeinschaft füreinander und für andere aktiv wird, hat sie das Potenzial, zum geistlichen Zuhause zu werden. Gerade deshalb ist es doppelt wichtig, dass wir Menschen helfen, ihren Platz zu finden. Für sich selbst und für andere. Durch dienende Aktivität gewinnt geistliche Gemeinschaft an Kraft.

3. GESCHENKTE HEIMAT LÄSST FREIHEIT UND DEN RAUM, FEHLER ZU MACHEN

Was braucht es, dass an Heimatorten Gemeinschaft entsteht? Es braucht das Große: Freiheit. Großzügigkeit. Und Mut. Wer zu Hause ist, darf Fehler machen! Ihm wird verziehen. Das möchte ich mir selbst zugestehen und anderen. Dabei fällt mir einer meiner größten Fehltritte ein …

Ich sitze als junge Berufseinsteigerin in der Pressekonferenz und erzähle von Heuschrecken. Wir planen einen Gottesdienst mitten auf der Feiermeile Nürnbergs. Thema »Dschungelcamp – Ich bin ein Star, holt mich hier raus«. Es läuft die erste Staffel im Fernsehen. Vertreter der Presse sind zahlreich erschienen. Wir planen auch kleine »Mutproben« – ähnlich zu denen im TV. Als ich zu dem Part mit den Heuschrecken komme, sehe ich das Blitzen in den Augen der Redakteure. Am nächsten Tag titeln die Zeitungen: »Heuschrecken zum Abendmahl!« – »Anbiederung in der Kirche« – »Gott bewahre! Gottesdienst in der Disco« – »Dschungelcamp und Kirche«. Es hagelt unschöne Artikel über Anbiederung und zu viel Geld, das die Kirche für so ein Projekt und die Heuschrecken ausgeben würde. Am übernächsten Tag gibt es Leserbriefe. Von Tierschutzvertretern, die sich darüber beschweren, wie wir frittierte Heuschrecken im Gottesdienst zum Einsatz bringen könnten. Die Tiere würden einen qualvollen Tod im heißen Fett erleiden. Aus dem ganzen Bundesgebiet schreiben uns Tierschützer und Pfarrer. Der Bischof ruft an, um sich zu erkundigen. Mir ist klar, dass das meinen Rausschmiss bedeutet. Ich bin noch keine drei Monate im Dienst und habe gleich so einen Fehler gemacht: in der Pressekonferenz von frittierten Heuschrecken zu erzählen. (Übrigens hatten wir nie vor, die Heuschrecken zum Abendmahl auszugeben. Wir feierten in dem Gottesdienst gar kein Abendmahl. Wir wollten lediglich eine von ihnen als »Mutprobe«, wie es in der Staffel üblich ist, von einem Freiwilligen verzehren lassen.) Ich laufe zum Büro meines Chefs. Ich klopfe an und spreche in Gedanken noch ein Gebet. Er klopft mir auf die Schulter und meint ganz trocken: »Frau Mailänder, wir wollten Presse. Nun haben wir sie. Machen Sie weiter!«

Mein Chef folgte damals einem Prinzip, das wir bei Fresh X »Permissiongiving« (Erlaubnisgeben) nennen. Er gab mir den Freiraum, meine Gaben und Aufgaben zu finden. Und das Wichtigste: Er gab mir den Freiraum, Fehler machen zu dürfen. Er schaffte Möglichkeiten für uns als junges Team, eine Kirche ganz anders zu gestalten. Er bot den Rahmen dafür, dass wir außerhalb aller Konventionen denken durften. Er stellte sich hinter uns als junges, unerfahrenes Team. Auch kirchenintern hat er dafür bestimmt einiges einstecken müssen.

Von ihm lernte ich: Damit Menschen in ihre Berufung hineinfinden, braucht es die Großzügigkeit, dass sie Fehler machen dürfen. Einer der entscheidenden Faktoren für die Ermöglichung von Heimatorten ist es, Raum für Experimente zu schaffen. Und Raum zu geben, möglichst frei denken und auch einmal danebenliegen zu dürfen. An entstehenden Heimatorten soll diese Freiheit herrschen. Diese Großzügigkeit braucht es, damit Menschen ganz zu Hause sein können.

Ein weiteres Beispiel ist eine Art »Pakt«, den ich unterschrieben habe. Gemeinsam mit anderen gehöre ich zu einer christlichen Gemeinschaft, einem städtischen CVJM. Miteinander haben wir beschlossen, diesen Geist der Freiheit, der Barmherzigkeit und der Fehlerfreundlichkeit unter uns wirken zu lassen. Die meisten von uns haben das sogenannte »Bündnis der Barmherzigkeit« unterschrieben. Wir haben lange an Formulierungen und Worten gefeilt. »Das Bündnis der Barmherzigkeit« ist aber nicht einfach nur ein schöner Text. Es ist ein gemeinsames Zuhause und prägt unsere Kultur des Zusammenlebens. Jeder, der Teil dieser Gemeinschaft ist, kann sich zu diesem Bündnis stellen. So wird sichtbar, was wir leben möchten. Wir gestehen einander zu, Fehler machen zu dürfen, wollen füreinander da sein, uns gegenseitig dienen, Konflikte als Chance sehen und einander als Geschwister begegnen.[35]

Schon oft waren diese Worte des Bündnisses für mich Erinnerung und Mahnung. Ganz praktisch bedeutet das für mich: Bei Konflikten möchte ich auf mein Gegenüber zugehen. Ich verteile mein Lob und meine Komplimente großzügig und möchte meinen Weggefährten dienen, wie und wo ich es kann. Dieses »Bündnis der Barmherzigkeit« soll Wirklichkeit werden. So wird unsere Gemeinschaft mehr und mehr zur lebendigen Heimat, die ich mitpräge und gestalte.

Diese Barmherzigkeit möchte ich auch für mich selbst in Anspruch nehmen. Auf meiner Suche nach dem richtigen Platz, meiner Berufung und meiner Aufgabe werde ich Fehler machen! Ich werde ab und zu einen falschen Weg einschlagen. Aber ich möchte mir selbst eingestehen, dass das schon in Ordnung ist. Anderen möchte ich diese Freiheit auch zugestehen. Dort, wo wir Heimatorte schaffen möchten, braucht es diese Freiheit, Großzügigkeit und den Raum, Fehler zuzulassen.

4. GESCHENKTE HEIMAT FÜHRT ZU LEBENDIGEN BEZIEHUNGEN

In dieser Freiheit und unter diesen Bedingungen können Heimatorte werden und wachsen. Beziehungen, die so entstehen, tragen dazu bei, dass wir einander Weggefährten werden. Wo jeder für sich die Freiheit erlebt, dem Heimatgeber selbst zu begegnen, wird auch im Miteinander etwas wachsen. Mehr noch: Der Heimatstifter selbst macht sich auf den Weg, jedem Einzelnen genau wie den Menschen in ihrer Gemeinschaft zu begegnen. In diesem Vertrauen entstehen neue Dimensionen des Miteinanders. Neben der Gemeinschaft untereinander, der Dienstbereitschaft füreinander und für andere und der gelebten Beziehung zu Gott wird so ein Heimatort entstehen, verbunden mit der weltweiten Kirche.

Wenn Menschen sich aufmachen, ihrer inneren Heimat und damit Gott zu begegnen, werden sie auch immer einander begegnen. Weil Gott Beziehungen liebt. Weil der Heimatstifter selbst der Verbindende ist. Wo sich Christinnen und Christen begegnen und miteinander Gott selbst begegnen, entsteht ein geistliches Zuhause.

DIE REISE GEHT WEITER

Wer einmal geistliche Heimat erlebt hat und wer von der Aufbruchsstimmung geprägt ist, der kann nicht anders: Er wird wieder aufbrechen. Hin zu anderen Menschen. Hin zum Heimatstifter selbst. Die Kirche wächst mit ihren Pilgern und Heimatsuchenden, wo diese bereit sind, aufzubrechen und miteinander auf dem Weg zu sein.

Wir haben gesehen: Neben unserer Herzheimat braucht es Heimatorte. Sie sind immer ein Geschenk. Und sie können dort entstehen, wo Menschen aufeinander zugehen. Dort, wo ich beginne, zuzuhören, sind ihre Anfänge zu sehen. So entsteht echte Beziehung. Gemeinschaft. Wir dürfen Großherzigkeit und Gnade weiterreichen. Es entwickelt sich Kirche, wenn wir miteinander dem Heimatstifter begegnen.[36] Wir erleben geistliche Heimat, wenn wir mit anderen Heimatsuchenden in der großen Jesus-Bewegung unterwegs sind. Es bleibt ein Geschenk. Und es braucht unsere Barmherzigkeit und den Mut, Fehler machen zu dürfen. Nur so können wir

> **Wir erleben geistliche Heimat, wenn wir mit anderen Heimatsuchenden in der großen Jesus-Bewegung unterwegs sind.**

unseren Platz einnehmen. Wir können miteinander auf Pilgerschaft und Heimatsuche sein. Und den Einwohner auf diese Weise mitten unter uns finden. »Denn dort, wo zwei oder drei in diesem Namen versammelt sind, da findet Gott Heimat« (nach Matthäus 18,20).

So gehen wir los, um zu bleiben. Um Heimat zu finden und Heimat zu geben. Wir sind Pilger und tragen doch die Heimat im Herzen. Das hilft beim Bleiben.

HEIMATHAFEN

- Wo trittst du fragend in das Leben eines anderen? Welche Fragen hast du? Was braucht es, damit du Gast wirst?
- Gibt es in deinem Leben ein geistliches Zuhause? Herrschen dort Fehlerfreundlichkeit, Großzügigkeit und die Bereitschaft, einander zu dienen? Hast du deinen Platz dort gefunden?

KAPITEL 12

Willkommen!

Als ich dort bei der Ordensschwester im Sessel saß, begann meine Reise in die Herzheimat. Das war vor mehr als drei Jahren. Damals hatte ich so viel von meiner Identität, Sprache, meinem Rhythmus, meinen Ritualen und der Vertrautheit in der eigenen Herzenslandschaft verloren. Ich hatte jahrelang meine Weggefährten vernachlässigt und so gut wie gar nicht über meine inneren Wüsten und den großen Heimatstifter nachgedacht.

Ich war eine Getriebene. Fragen und Unsicherheiten hatten mich aus meiner Herzheimat vertrieben. Wo gehörte ich hin? Wo war mein Platz in dieser Welt? War ich auf dem richtigen Weg? Wo sollte ich Geborgenheit finden? Warum kam ich nie an? Hatte ich die richtigen Entscheidungen getroffen? Warum wollte ich das Entscheidende tun und brachte es doch nicht fertig?

All diese Fragen beschäftigten mich, als ich mich auf die Heimatsuche machte. Und Heimatkunde betrieb. Das Ziel meiner Reise war es, meine innere Heimat zu kennen. Und zu Hause zu sein. In mir. In Gott.

Bin ich angekommen?

Sicher nicht. Ich bin noch auf dem Weg.

Hat die Reise erst dort in diesem muffigen Sessel begonnen?

Nein. Sie begann schon viel früher. Weil ich – weil jeder von uns – auf der Suche nach Identität, Vertrautheit, Rhythmus bin und schon immer war. So viele von uns sind mit der Frage unterwegs, wie und wo sie Heimat finden.

Vielleicht erscheint es dir zu einfach. Vielleicht bist du noch lange nicht angekommen. Bei dir. Deinen Gefühlen. Deinem Leib. Deinem Rhythmus. Der Gegenwart. In deinem Herzens-Heimatland. Und wer weiß? Vielleicht bleiben wir auf der Reise, auf der Suche. Vielleicht kommen wir nie richtig an und sind darum immer auf dem Weg. Fest steht aber, dass einer in uns, durch uns, für uns lebt. In mir wächst die Ahnung, dass Gott selbst das verheißene Land in mir einnimmt. Und ich deshalb in diesem Land zu Hause sein kann. Vieles kommt mir noch fremd vor. Manches wird vertrauter. Einiges wird zur Heimat. Ich werde sicherer. Und ich spüre Geborgenheit. Durch alles Scheitern. Trotz der Wunden. Weil ich beginne zu verstehen, dass ich zwar eine Fremde bin, aber Heimat in mir trage. Und auf das Zuhause zulebe. Meine Herzheimat ist im Vaterland, im Herzen Gottes. Seine Heimat ist mein Herz. Das zu erkennen, es wahrzunehmen, zu begreifen macht mich gelassener. Und öffnet mir einen neuen Horizont.

DAS ÄUSSERE WÄCHST VOM INNEREN HER

Das Thema »Heimat« beschäftigt heute viele. Das zeigt sich zum Beispiel in Lebkuchenherzen, Dirndln und Volksmusik. Zerfranste Lebensläufe lassen viele zu unfreiwilligen Nomaden werden. Das Bedürfnis nach Verortung wächst. Trachten und Bräuche stehen deshalb hoch im Kurs. Der Trend zum Lokalpatriotismus treibt seltsame Blüten. Ein Ruhrpottfan trinkt sein Bier aus einem »Ruhrkerle«-Humpen und isst »A40«-Schokolade. Frankfurter Babys tragen »Höchst asozial«-Lätzchen, passend zum Stadtteil. Bayern pochen auf »Mia san mia« und Berliner bezeichnen sich als »Hauptstadtrocker«. Heimat ist hipp. Aber mehr noch: Politiker fragen seit einiger Zeit verstärkt nach dem Vaterland und nach einer Leitkultur. Debatten darüber nehmen zu. Die eigene Kultur, Sprache und Nationalität erscheinen wieder wichtig. Wichtiger als noch vor Jahren. Eine neue Welle der Heimatverbundenheit prägt uns. Menschen rücken zusammen. Aber oft – leider – wird auch genau bestimmt, wer dazugehört und wer nicht. Je unsicherer alles um uns erscheint, umso wichtiger kommt uns Verlässliches vor. Steigt deshalb die Angst vor dem Fremden so sehr?

Ich bin überzeugt: Hinter Lebkuchenherzen, Vaterlandgerede, entleerter Tradition, Nationalität, Kulturverbissenheit steht Sehnsucht. Nach Identität. Nach Sicherheit. Nach Vertrautheit.

Aber ich frage mich: Lässt sich diese Sehnsucht mit Äußerlichkeiten befriedigen? Werden wir fündig, wenn wir uns in Traditionen, Altbewährtem und dem klar umzäunten Schrebergarten wiederfinden? Ist es nicht eher so, dass das Äußere vom Inneren her wächst? Dass wir erst unsere Herzheimat entdecken müssen?

Wer Vertrautes in sich trägt; wer in seinen Schritten sicher wird; wer seine eigene Herzenslandschaft kennt, der hat schon Heimat gefunden. Und sucht sie nicht verzweifelt. Wer Wurzeln in sich trägt, braucht äußere Grenzen nicht krampfhaft zu verteidigen.

Ich bin mir sicher: Wer sich gut um sein Herz kümmert, wird wissen, wo er herkommt. Wer darum weiß, dass Gott in ihm zu Hause ist, der erlebt Weite. Wer seine Heimat in Gott gefunden hat, wird gütig mit allen Herzensflüchtlingen.

Sicherlich ist die Suche nach der Herzheimat vornehmlich ein geistliches Thema. Und doch: Die Suche nach der inneren Heimat wird die Suche nach äußerlicher Heimat verändern. Wer innerlich angekommen ist, der kann nicht anders, als sich politisch, sozial und gesellschaftlich zu äußern. Und zum Heimatstifter zu werden.

Wer um seine innere Heimat weiß, kann Heimat weitergeben. So werden aus Pilgerinnen und Reisenden Pioniere und Gründerinnen. Und so entstehen Heimatorte, wie zum Beispiel die Kirche. Sie ist eine Verbindung von Herzensflüchtlingen, die ihr Zuhause in sich selbst und in Gott finden. Und die wissen, dass Gott selbst in ihnen und ihrer Gemeinschaft wohnt. Trotz allem. Deshalb ist es so wichtig, dass wir selbst von der Sehnsucht getrieben sind. Wir ziehen – wie damals Abraham – aus und wissen nicht, wo wir hinkommen (Hebräer 11,8). Wir wissen nur um die Verheißung, die Gott uns gegeben hat. Deshalb sieht die Kirche, die von solchen Sehnsüchtigen gestaltet wird, ganz anders aus als erwartet. Weil sie von Menschen gestaltet wird, die »Fremde im verheißenen Land« (Hebräer 11,9) sind.

So entsteht Heimat für andere. In Familien. In Gemeinschaften. In Initiativen. Füreinander und miteinander. Und eine echte »Willkommenskultur«.

ENDSTATION SEHNSUCHT

Ich stampfe über die vernebelte Anhöhe hinter unserem Haus. Früh am Morgen nehme ich mir Zeit für meine Herzenslandschaft. Es beginnt zu regnen. Die Luft wird klar. Ich schaue von Weitem auf das Dorf, in dem wir inzwischen leben. Der Umzug hierher hat mich in diese Unsicherheit gestürzt und mir geholfen, mich auf die innere Reise zu begeben. Bin ich inzwischen hier zu Hause? Ich atme tief ein und stoße die Luft aus. Ich schaue meinem warmen Atem in der kühlen Morgenluft hinterher. Ich weiß es nicht. Ich weiß nicht, ob wir hier in diesem kleinen Vorort in unserem blauen Haus mit weißen Fensterkreuzen Wurzeln schlagen werden. Ich weiß nicht, ob unsere Kinder hier tatsächlich groß werden. Ich weiß nicht, ob ich jemals ganz selbstverständlich die Frauen beim Metzger mit Namen begrüßen werde. Ich weiß nicht, ob die Geräusche an diesem Ort ganz zur Gewohnheit werden. Ich weiß nicht, ob ich einen Platz zum Bleiben gefunden habe. Die Unsicherheit darüber überfällt mich an diesem Morgen.

Aber noch etwas anderes schleicht sich dazu. Es ist ein Gefühl. Ein Heimatgefühl. Eine Ahnung und ein Wissen. Es kann sein, dass wir diesen Ort hier wieder verlassen. Es kann aber auch sein, dass wir hier alt werden. Heute Morgen wird mir klar: Es wird wohl eine Spannung bleiben. Heimat gefunden zu haben und noch weiterzusuchen. Sehnsucht bleibt mein Begleiter. Dieses Gefühl wird mir zum Heimatgefühl.

Eines habe ich bei meiner Reise gelernt: Die wahre Heimat trage ich in mir. Ich habe das Vaterland entdeckt. Ich habe Heimat gefunden. In mir. In Gott. Schon lange sagt er: Herzlich willkommen!

Ist es wirklich so einfach? Kann man tatsächlich sagen, dass Gott in mir ist und ich in ihm? Verändert das meine Einstellung zu mir selbst, meinem Leib, der Gegenwart, den Umgang mit Gefährten, meinen Verletzungen, meinen Gefühlen? Und hilft das wirklich beim Schaffen von Heimatorten?

Sehnsucht bleibt mein Begleiter. Dieses Gefühl wird mir zum Heimatgefühl.

Ich glaube: ja. So entsteht wahre Identität und wirkliche, echte innere Sicherheit. So komme ich selbst ganz bei mir an.

Nebenbei erwarte ich den Himmel. Diese Sehnsucht bleibt. Ich reihe mich damit in die große Geschichte der sehnsüchtigen Menschen ein. Sie werden gefunden. Vom heimatlosen, sehnsüchtigen Gott. Auch ich: werde gefunden und komme zu Hause an.

Sie sehnten sich nach etwas Besserem, nach einer Heimat im Himmel.

Hebräer 11,16; NGÜ

NACHTRAG

Einige Wochen später fahre ich noch einmal in die kleine Kommunität, wo die Ordensschwester alles ins Rollen gebracht hat. Ich lasse das Auto stehen und laufe den Hügel hinauf. Die Schwester empfängt mich und lächelt mich an: »Bist du gut angekommen?« – »Ja«, sage ich. »Ich hatte einen guten Weg!«

BENUTZTE LITERATUR

Ávila, Teresa von: Die Seelenburg. Freiburg (Herder). 2012.

Bonhoeffer, Dietrich: Gemeinsames Leben. Gütersloh (Gütersloher Verlagshaus). 2006 (28. Auflage).

Bonhoeffer, Dietrich: Nachfolge. Herausgegeben von Martin Kuske und Ilse Tödt. Gütersloh (Gütersloher Verlagshaus). 2008 (3. Auflage).

Câmara, Dom Hélder: Mach aus mir einen Regenbogen. Zürich (Pendoverlag). 1981.

Deichgräber, Reinhard: Und unterwegs wirst Du ein anderer Mensch. Vom Wunder der Wandlung. Gießen (Brunnen). 1997.

Deichgräber, Reinhard: Von der Zeit, die mir gehört. Göttingen (Vandenhoeck & Ruprecht). 1992 (4. Auflage).

Ende, Michael: Momo. Die seltsame Geschichte von den Zeit-Dieben und von dem Kind, das den Menschen die gestohlene Zeit zurückbrachte. Stuttgart (Thienemann-Esslinger). 2005 (Neuauflage).

Fromm, Erich: Die Kraft der Liebe. Über Haben und Sein, Liebe und Gewalt, Leben und Tod. Zürich (Diogenes). 2005.

Goleman, Daniel: Emotionale Intelligenz. München (Deutscher Taschenbuch Verlag). 2008 (20. Auflage).

Grün, Anselm: Die Weisheit der Wüstenväter. Gütersloh (Gütersloher Verlagshaus). 2008.

Grün, Anselm: Im Zeitmaß der Mönche. Vom Umgang mit einem wertvollen Gut. Freiburg (Herder). 2003 (2. Auflage).

Hybels, Bill: Einfach. Zehn Schritte zu einem aufgeräumten Leben. Asslar (Gerth Medien GmbH). 2016 (2. Auflage).

Kempen, Thomas von: Die Nachfolge Christi. Herausgegeben von Josef Sudbrack SJ. Kevelaer (Butzon & Bercker). 2000.

Kiechle, Stefan: Ignatius von Loyola: Leben – Werk – Spiritualität. Würzburg (Echter). 2010 (2. Auflage).

Kolletzki, Claudia: Christus ist unsere wahre Mutter. Metaphorische Gottesrede bei Juliana von Norwich. Frankfurt a. Main. Quelle: https://www.google.de/url?sa=t&rct=j&q=&esrc=s&source=web&cd=3&cad=r-ja&uact=8&ved=0ahUKEwjXsaD-l7nZAhUO2KQKHU-2Br8QFgg2MAI&url=http%3A%2F%2Fgul.echter.de%2Fcomponent%2Fdocman%2Fdoc_download%2F3530-70-1997-1-048-062-kolletzki-0.html&usg=AOvVaw1LmOhciiI_-sIfjOY4Zzsq (abgerufen am 12.5.2017).

Krebs, Reinhold; Rempe, Daniel: Fresh X – Der Guide. Witten (SCM-Verlag). 2017.

Nouwen, Henri J.M.: Nach Hause finden. Wege zu einem erfüllteren Leben. Freiburg (Herder). 2012 (2. Auflage).

Nouwen, Henri J.M.: Seelsorge, die aus dem Herzen kommt. Christliche Menschenführung in der Zukunft. Freiburg (Herder). 2000 (10. Auflage).

Rohr, Richard: Befreiung vom Ego. Wege zum wahren Selbst. München (Claudius Verlag). 2008.

Royer, Hans Peter: Dunkler als Finsternis. Heller als Licht. Holzgerlingen (SCM Hänssler). 2010.

Schulz von Thun, Friedemann: Miteinander reden 3. Das »innere Team« und situationsgerechte Kommunikation. Reinbeck bei Hamburg (Rowohlt Taschenbuch Verlag). 2006 (15. Auflage).

Stutz, Pierre: Gelassen sein. Freiburg (Herder). 2010.

Stutz, Pierre: Mein Leben kreist um Dich. Mit den Psalmen die eigene Mitte finden. München (Kösel-Verlag). 2009.

Willard, Dallas: Verwandle mein Herz. Wie Christus unsere Persönlichkeit prägen will. Gießen (Brunnen Verlag). 2016 (2. Auflage).

Zink, Jörg: Was bleibt, stiften die Liebenden. Ein Lesebuch für alle Zeiten der Liebe. Stuttgart (Kreuz Verlag). 1979.

Zulehner, Paul M.: Gottessehnsucht. Spirituelle Suche in säkularer Kultur. Ostfildern (Schwabenverlag). 2008.

ANMERKUNGEN

1   Willard, Dallas: Verwandle mein Herz. Wie Christus unsere Persönlichkeit prägen will. S. 42.

2   1. Mose 15,1: »Nach diesen Geschichten begab sich's, dass zu Abram das Wort des HERRN kam in einer Erscheinung: Fürchte dich nicht, Abram! Ich bin dein Schild und dein sehr großer Lohn.«

3   http://www.geo.de/geolino/mensch/8954-rtkl-kolumbus-der-entdecker-amerikas (abgerufen am 10.3.2017).

4   Zum Beispiel Deichgräber, Reinhard: Von der Zeit, die mir gehört, oder Grün, Anselm: Im Zeitmaß der Mönche u.a.

5   Rohr, Richard: Befreiung vom Ego. Wege zum wahren Selbst. S. 58ff.

6   Siebter Vers des Liedes »Gott ist gegenwärtig« von Gerhard Tersteegen (1697-1769), Mystiker und Lyriker.

7   Augustinus (354-430) redet von »frui deo« (lat. = Gott genießen) als dem höchsten anzustrebenden Gut des Menschen und seine eigentliche Zielbestimmung.

8   Zum Beispiel das Gebet der liebenden Aufmerksamkeit nach Ignatius von Loyola oder das Abendgebet von Dietrich Bonhoeffer.

9   Entscheidend geprägt hat uns in den sogenannten westlichen Ländern das Denken der antiken Philosophie von Platon. Er vertritt einen Dualismus, eine Trennung von Körper und Geist. Im Neuplatonismus wird der Körper dem Geist untergeordnet. In der mittelalterlichen Theologie (Scholastik) war diese Annahme Grundlage für alles Philosophieren und Theologisieren.

10 Nach Psalm 139,13-14, zitiert nach Pierre Stutz: Mein Leben kreist um Dich. Mit den Psalmen die eigene Mitte finden. S. 142.

11 Zum Beispiel Hildegard Marcus.

12 Die »Füße der Freudenboten« werden zum Beispiel in Jesaja 52,7 besungen.

13 Inspiriert hat mich zu diesem Ritual Dallas Willard in seinem Buch »Verwandle mein Herz«.

14 Inspiriert zu dieser Übung hat mich Prof. Dr. Klaus Schulz.

15 Deichgräber, Reinhard: Von der Zeit, die mir gehört. S. 66ff.

16 Ávila, Teresa von: Die Seelenburg. S. 25.

17 Zitiert nach https://www.karmel-hannover.de/2012/08/23/konventexerzitien-madeleine-delbrel/ (abgerufen am 12.5.2017).

18 Manche Wissenschaftler gehen sogar von bis zu 13 Sinnen aus: Neben den gängigen kommen Gleichgewichtssinn, Temperatursinn, Körperempfindung und andere dazu.

19 Ende, Michael: Momo.

20 Gerhard Tersteegen (1697-1769) war Laienprediger, Schriftsteller und Mystiker des reformierten Pietismus.

21 Dietrich Bonhoeffer: »Weil Christus an meinem Bruder schon längst entscheidend gehandelt hat, bevor ich anfangen konnte zu handeln, darum soll ich den Bruder freigeben für Christus, er soll mir nur noch als der begegnen, der er für Christus schon ist« (Bonhoeffer, Dietrich: Gemeinsames Leben. S. 21).

22 Die Lausanner Bewegung, so genannt nach dem Internationalen Kongress für Weltevangelisation 1974 in Lausanne, ist eine überkonfessionelle evangelikale Bewegung mit dem Ziel, Kirchen, Konfessionen, Organisationen, Netzwerke und Einzelne zu mehr Engagement bei der Evangelisation der Welt zu bewegen.

23 Um einen passenden Mentor oder Mentorin zu finden, lohnt sich ein Blick unter www.c-mentoring.net.

24 Er wird als Mitverfasser des 1. Thessalonicherbriefes, des zweiten Korintherbriefes, des Philipperbriefes und Philemonbriefes genannt.

25 Zum Beispiel 2. Mose 22,20 und viele weitere Bibelstellen. Gerade deshalb erscheint es angesichts der politischen Lage in Israel geradezu zynisch, dass fremde Palästinenser, die mitten unter dem früher heimatlosen Volk wohnen, mehr und mehr zurückgedrängt und bedrückt werden.

26 Nouwen, Henri: Seelsorge, die aus dem Herzen kommt. Christliche Menschenführung in der Zukunft.

27 Aus Zink, Jörg: Was bleibt, stiften die Liebenden. S. 31.

28 Friedemann Schulz von Thun schlüsselt in seinem Buch »Miteinander reden 3. Das ›innere Team‹ und situationsgerechte Kommunikation« die Pluralität und Vielschichtigkeit der inneren Stimmen auf anschauliche und angemessene Art auf.

29 Die hier aufgezählten Emotionen sind die sogenannten Kernemotionen nach Paul Ekman.

30 Willard, Dallas: Verwandle mein Herz. Wie Christus unsere Persönlichkeit prägen will. S. 102.

31 Hybels, Bill: Einfach. Zehn Schritte zu einem aufgeräumten Leben. S. 382ff.

32 Aus: Câmara, Dom Hélder: Mach aus mir einen Regenbogen. S. 14.

33 Das Zitat stammt von Stephen R. Covey, Wirtschaftsdozent und Bestsellerautor.

34 Es gibt inzwischen viel gute Literatur zu diesem Thema. An dieser Stelle sei auf die Homepage www.freshexpressions.de verwiesen.

35 Nachzulesen ist das »Bündnis der Barmherzigkeit« unter https://www.cvjm-nuernberg.de/vereine/kornmarkt/herzlich_willkommen/mitarbeiten#-bündnis (abgerufen am 20.11.2017).

36 Krebs, Rempe: Fresh X. Der Guide. S. 18/19.